历代名著精选集

老聃 撰

陈锡勇 注评

老子

凤凰出版社

图书在版编目（CIP）数据

老子 / 陈锡勇注评. -- 南京 : 凤凰出版社,
2014.11
（历代名著精选集）
ISBN 978-7-5506-2054-4

Ⅰ. ①老… Ⅱ. ①陈… Ⅲ. ①道家②《道德经》—注释 Ⅳ. ①B223.12

中国版本图书馆CIP数据核字(2014)第243717号

书　　名	老子
著　　者	陈锡勇　注评
责任编辑	汪允普　王淳航
出版发行	凤凰出版传媒股份有限公司 凤凰出版社(原江苏古籍出版社) 发行部电话025-83223462
出版社地址	南京市中央路165号,邮编:210009
出版社网址	http://www.fhcbs.com
经　　销	凤凰出版传媒股份有限公司
照　　排	江苏凤凰制版有限公司
印　　刷	江苏凤凰通达印刷有限公司 南京市六合区冶山镇,邮编:211523
开　　本	960×1304毫米　1/32
印　　张	4.5
字　　数	134千字
版　　次	2014年11月第1版　2014年11月第1次印刷
标准书号	ISBN 978-7-5506-2054-4
定　　价	25.00元

(本书凡印装错误可向承印厂调换,电话:025-57572508)

目　录

前　　言

《老子》一书传世久远，历经传抄、刊刻，所以多讹误。而老子生平本无可疑，太史公曰“老子者，楚人也，名聃”，与“庄子者，蒙人也，名周”同例。《史记》“列传”多以“姓”，述生籍而不及乡邑，不及世系，《史记·索隐》：“‘列传’者，谓叙列人臣事迹，令可传于后世，故曰‘列传’。”老子名在“列传”，本无世系可书，而好事者增衍“老子之子名宗……因家于齐焉”四十八字，又增衍“姓李氏”、“耳”、“字”及“苦县厉乡曲仁里”十二字，以与孔子争辉，孔子名在“世家”，《史记·索隐》：“‘世家’者，记诸侯本世也，言其下及子孙常有国。”“世家”、“列传”体例不同，不得相提并论。《史记·太史公自序》：“老子无为自化，清静自正；韩非揣事情，循势理。作《老子韩非列传》第三。”而唐抄本讹改“老子”作“李耳”，并衍入《老子列传》以惑众，而宋刻本《太史公自序》“静”讹作“净”。先秦典籍但云“老子”、“老聃”，“聃”或作“耽”，绝无作“李耳”者、“李伯阳”者。汉神仙家以老君混同老子，而有“李伯阳”说，高诱、孔融说之；“聃”析而为“耳”，而班固注之。是惑于神仙家说而不知，此说于唐初衍入《史记》，或曰“字伯阳”、或曰“谥曰聃”，尚且未成定论，而老子“姓李氏”乃是“老君”混同“老子”，于是改为“李”姓。太史公“列传”中“老”、“庄”、“申”、“韩”、“管”、“晏”都是姓，太史公曰：“老子者，楚人也，名聃。”所以老子是楚人，姓老，名聃。关尹、老聃是古代的博大真人，老聃贵柔，关尹贵清，所贵不同，而《汉志》班固自注：“名喜，为关吏。老子过关，喜去吏而从之。”《吕览》高诱注：“关尹，关正也，名喜，作道书九篇。”因此我们可以知道关尹名喜，而《列仙传》乃改作“关令尹喜”，是由关姓改作尹姓，然后衍入《史记》。凡“至关，关令尹喜曰：子将隐矣，强为我著书。于是老子乃”二十一字，是唐抄所衍入者。太史公有良史之才，焉有此谬。况且，人的年岁或寿百年，岂能“百有六十余岁”，或“二百岁”，甚不合人情，太史公曰：“盖老子百岁，或言百余岁，以其修道而养寿也。”老子长寿，所以能与老莱子为孔子所师事，唐抄本妄衍“有六十余”、“二”共五字。而附言孔子死后百有五年之太史儋，世俗之人或曰儋即老子，或曰非也，莫知其然否。太史儋在孔子死后百余年，而老子为孔子所师事，长于孔子，分明在传，“老子，隐君子也”，故世俗人妄言太史儋为老子。老子名在“列传”，本无世系，好事者衍入，非太史公原文。兹列太史公《史记·老子列传》如下：

> 老子者，楚人也，名聃，周守藏室之史也。孔子适周，将问礼于老子。老子曰：“子所言者，其人与骨皆已朽矣，独其言在耳。且君子得其时则驾，不得其时则蓬累而行。吾闻之，良贾深藏若虚，君子盛德容貌若愚。去子之骄气与多欲，态色与淫志，是皆无益于子之身。吾所以告子，若是而已。”孔子去，谓弟子曰：“鸟，吾知其能飞；鱼，吾知其能游；兽，吾知其能走。走者可以为罔，游者可以为纶，飞者可以为矰。至于龙吾不能知。其乘风云而上天。吾今日见老子，其犹龙邪。”老子修道德，其学以自隐无名为务。居周久之，见周之衰，乃遂去。著书上下篇，言道德之意五千余言，莫知其所终。或曰：老莱子亦楚人也，著书十五篇，言道家之用，与孔子同时云。盖老子百岁，或言百余岁，以其修道而养寿也。自孔子死之后百有五年，而史记周太史儋见秦献公曰：“始秦与周合，合五百岁而离，离七十岁而霸王者出焉。”或曰儋即老子，或曰非也，世莫知其然否。老子，隐君子也。世之学老子者则绌儒学，儒学亦绌老子。道不同不相为谋，岂谓是邪？

老聃居周久之，见周之衰，乃遂去，著书上下篇，言道德五千余言，这就是今日所谓的《老子》。《老子》第三十八章至八十一章乃上篇，署曰“德”，是章首曰“上德不德”，故署“德”；第一章至三十七章，署曰“道”，是章首曰“道可道也”，故署“道”。因此我们可以知道《老子》本为二篇，马王堆帛书《老子》如此，王弼注本如此，据闻北大藏汉简《老子》亦如此。即或郭店楚简《老子》、《韩非子》之《解老》、《喻老》所据抄之底本并当如此。今所见之八十一章本是河上公本次第，盖唐玄宗崇道，而改易上下，以“道”、“德”为先后，是有八十一章为二卷，或为四卷之刊本。

河上公注本武内义雄以为葛洪一家之学，托名河上公者，说者是也。第三十五章“道之出言”，王弼注：“而道之出言，淡然无味。”王本正文作“言”，因“言”坏而为“口”，讹作“道之出口”，河上公注：“道出入于口淡淡。”此证河上公注本当在王弼注本之后，而今通行本“言”讹作“口”，非王弼注本正文。唯二注并谬，“言”乃“焉”之借，“道之出焉”，是谓道之动，视之不见、听之不闻、抚之不得，不可得而究竟。此犹第二十一章“道之物”，是谓道生万物，道之动也，忽恍恍忽，实有而混成，混而为一，其上不皦，其下不昧，所谓一生二、二生三。又如第十四章“视之而不见，名之曰微”，帛书本如此，陈景元曰：“夷，《老子》古本作幾，幾者，幽无象也。”范应元曰：“幾字，王弼、孙登同古本。”而《说文》：“幾，微也。”是文本作“微”，义同通用，故王弼作“幾”，“幾”之形讹而作“夷”。而河上公注：“无色曰夷，言一无采色，不可得视而见之。”是河上公本作“夷”，此证河上公注本当在王弼注本之后，而今通行本“幾”讹作“夷”，非王弼注本正文。

今通行本署曰“王弼注本”，正文、注文有不相应之处，如第三十八章王注：“故前识者，道之华而愚之首。”据注王弼注本正文当作“首”，与《韩非子·解老》、帛书《老子》同，而今通行本“首”讹作“始”，与玄宗御注本、范应元本同，是证此通行本正文非原文。如第四十章王注：“天下之物，皆以有为生。”据注王弼注本正文作“之”，郭店《老子》、帛书《老子》乙本（甲本残）、玄宗御注本、范应元本并如此，而今通行本“之”讹作“万”，毕沅曰：“《河上公》、《王弼》、《顾欢》并作‘天下万物’。”所谓顾欢本乃明人伪本，是知“之”讹作“万”乃是明人所妄改。今通行本乃四库馆臣据《永乐大典》校张之象本，经浙江书局印行，乃妄曰“王弼原本”。开元初，刘知幾议曰：“《老子》书无河上注，请存王弼学。”宰相宋璟、博士司马贞一同黜其言，阿上意。《御注本》出，王本遂没。今所见本固非王本之旧，而学者或缘词生训，或以讹传谬，说者不免谬误。

段玉裁说：“不先正底本，则多诬古人；不断其立说之是非，则多误今人。”本书所作注释、导读及校理文字，指讹解谬，但求其真。说者或有不足，尚祈大方先进不吝赐正。

第一章

道，可道也①，非恒道也②；

名，可名也③，非恒名也④。

无名，万物之始也⑤；

有名，万物之母也⑥。

故恒无欲也，以观其妙⑦；

恒有欲也，以观其所徼⑧。

两者同出，异名同谓⑨，

玄之又玄，众妙之门⑩。

【注释】

① 道，可道也：第一个“道”，指理。第二个“道”，指言说。事理，是可以言说的。② 非恒道也：恒，常也。“恒道”指宇宙的本体。“非恒道也”，不是宇宙本体恒常之“道”。③ 名，可名也：第一个“名”，指事物的名。第二个“名”，指命名。凡是事物的名，是可以命名的。④ 非恒名也：“恒名”指宇宙本体的名。“非恒名也”，不是可以指称道体恒常的名。因为“道”不可名，不可言，故“可道之道，可名之名”非恒道、恒名也。⑤ 无名，万物之始也：即“万物之始，无名”。始，初也，言万物创生的开始，“道”，是“无名”。万物未生成以前是无名无形的。⑥ 有名，万物之母也：即“万物之母，有名”，母，孕育。万物孕育的时候，已可命名，故为有名。⑦ 故恒无欲也，以观其妙：欲，通“俗”，习也。恒无欲，是指无心探究而体道者。妙，小也，假借为精微奥妙之义。无心探究而体道者，可体会道生万物之精妙，即顺遂自然以体道。⑧ 恒有欲也，以观其所徼：恒有欲，是指有心探究而欲体道者。徼，显现，所徼即徼所，显现之所在，如万物的生灭。恒有欲也，则探求创生的所循，则循“一”以遵道动。⑨ 两者同出，异名同谓：两者指“无”、“有”而言，道的本体“无”、道的恍惚“有”，两者同源，或为宇宙的本体，或为宇宙的生成。或字之曰“道”，或字之曰“一”。并皆无名、

无形，唯其本体，故曰“无”；唯其生成万物，生之畜之，故曰“有”。两者同源，故曰“异名同谓”。⑩ 玄之又玄，众妙之门：因“道”不可名、不可言，故“玄”。“一”，视之不见、听之不闻、抚之不得，亦为“玄”。深远之极，故曰“玄之又玄”。深远至极之“道之无”与“道之有”，乃是探求一切奥妙之途径。

【导读】

“道”，如果是可以用言辞叙述的，就不是恒常的道。“名”，如果是可以命名的，就不是恒常的名。万物创生之初是无名的，孕育形成万物之时是可命名的。所以长久无所求地体会，则能体会道的奥妙；长久有所求地注意着道，而能注意道所循为何(道法自然)。道的本体无形无名，孕育生成万物有形有名，万物之始与母两个是同源的，名称虽异，意义则同，深远又深远，是探求一切奥妙的途径。

《说文解字》：“徼，循也。”注意道所循为何，完全地顺从效法，就能得道。要怎么做才称得上是完全地顺从效法道呢？《老子》第二十三章：“从事而德者同于德……同于德者，道亦得之。”效法顺从德的尚德者，能够同于民德。能够同于民德的，自然合乎道。恒常地顺道之动而行事、注意道所循为何(道法自然)而尽自然，落实在人事上就是不偏为、不多事。

本章论“道”。“无名，万物之始也”，通行本“万物”讹作“天地”；“两者同出，异名同谓”，讹作“此两者同出而异名，同谓之玄”，衍“此”、“而”、“之玄”四字。又“所徼”夺“所”字。

第二章

天下皆知美之为美也，恶矣①；皆知善，此其不善矣②。
有无之相生也③，难易之相成也④，
长短之相形也⑤，高下之相盈也⑥，
音声之相和也⑦，先后之相随也⑧。
是以圣人居无为之事⑨，行不言之教⑩。

万物作而不始也[11]，为而不恃也[12]，成而不居也[13]。

夫唯不居，是以不去也[14]。

【注释】

① 天下皆知美之为美也，恶矣：天下的人都追逐现象上的美，以为美；追逐现象而不探求本质，所以恶。② 皆知善，此其不善矣：合于世俗的就叫“善”、就叫“是”，不合的就是“不善”、就是“非”。这种习俗上合于一时一地的善，都是现象上的善。天下人所谓“美”、“善”，都因为相对而存在，世人却只见现象而不明道理，所以不美。③ 有无之相生也：生，产生。有无相合能产生器用。“有”作为支撑，才有“无”用途。如器皿本身的“有”，还要有器中空的“无”，才可装载。④ 难易之相成也：成，重也，累积，即难易之相重也。难是由易累积而成。⑤ 长短之相形也：“长短”是形体上的现象。⑥ 高下之相盈也：“高下”犹“多少”，是“盈虚”上的现象。⑦ 音声之相和也：音，韵也。声是发音，韵乃收音。有发音，有收音才能调合成音，所以音声相互调和。⑧ 先后之相随也：有先而有后，因后而有先，所以先后是相互依随的。物象有“有无、难易、长短、高下、音声、先后”之别，如果依随“相生、相成、相形、相盈、相和、相随”的道理则恒久不变。⑨ 是以圣人居无为之事：是以，因此。居无为之事，即不因现象而从事，顺应自然。指圣人处事，顺应自然，不因现象而从事。⑩ 行不言之教：言，政令。不言之教，不以政令为教。圣人顺应自然，不以政令为教，使民自化、自富、自正、自朴。⑪ 万物作而不始也：始，初的意思。道生万物而德畜之，却不以为有初始创生的功劳。⑫ 为而不恃也：道化育万物而不以为依恃。⑬ 成而不居也：道成长万物而不自居功劳。⑭ 夫唯不居，是以不去也：正因圣人不居其功，所以功德不离。

【导读】

天下人都认为现象的美是美的，这就丑恶不美了；都以为合于一时、一地、一君的便是善，这就不善了。无的作用出于有的支撑，相生为用，易事不处理累积成难事，物有长短，所以相较以形，水有高下，所以盈虚以形，声音的音色与声调是互相应和配合而不可分割的，先后是互相依随而不可分割的。因此圣人处事尚德无为,不以政令教化治理天下。道生万物而不以为自己有创生的功劳,化育了万物而不依仗自己的功劳,成就了万物而不居功。所以圣人不居功则功德不可离。

“有无之相生也”与“天下之物生于有,有生于无”(第四十章)都提到“有”、“无”。“天下之物生于有,有生于无”(第四十章)是说:“有生天下之物,无生有”,第二章“有无之相生也”乃是就现象上的“有”、“无”来论述,“无”的作用出于“有”的支撑,“有”可以作为倚赖,但是一定要“无”才可供使用——“有之以为利,无之以为用”(第十一章)——所以说“有”和“无”具有相互产生的关系。第四十章:“天下之物生于有,有生于无”,则是就本质上的“有”、“无”来论述,“有”是创生万物恍恍惚惚的道之动,“无”是道的本体,“有”、“无”都是无名的,天下之物生于“有”,“有”生于“无”,“无”(道的本体)能生“有”(创生万物的道之动),“有”不能生“无”。

本章的论述对象可分为天道与人事两类,论述次序为:人事→道→人事→道→结论,结论的论述对象包括天道与人事,结论以前的部分则是依照“人事→道”的次序论述,表列如下:

论　述	说　明	对象
天下皆知美之为美也,恶矣; 皆知善,此其不善矣。	天下人都认为现象的美是美的,这就丑恶不美了; 都以为合于一时、一地、一君的便是善,这就不善了。	人事
有无之相生也, 难易之相成也, 长短之相形也, 高下之相盈也, 音声之相和也, 先后之相随也。	无的作用出于有的支撑, 相生为用,易事不处理累积成难事, 物有长短,所以相较以形, 水有高下,所以盈虚以形, 声音的音色与声调是互相应和配合而不可分割的, 先后是互相依随而不可分割的。	道
是以圣人居无为之事, 行不言之教。	因此圣人处事尚德无为, 不以政令教化治理天下。	人事
万物作而不始也, 为而不恃也。 成而不居也。	道生万物而不以为自己有创生的功劳, 化育了万物而不依仗自己的功劳。 道成就万物而不居功。	道
夫唯不居,是以不去也。	不居功则功不可离。	结论

“万物作而不始也”省略主词“道”,“万物”是受词,“万物作而弗始也,为而弗恃也,成而弗居,夫唯弗居也,是以弗去也”是说道生万物而不以为自己有创生的功劳,化育了万物而不依仗自己的功劳,成就了万物而不居功。“万物作而不始也,为而不恃也,成而不居”句与“夫唯不居,是以不去也”的论述对象不同,前者是论道,后者是兼论道与人事。圣人属于万物,不能生畜万物,所以“万物作而不始也,为而不恃也”是指道生畜万物,而不是指圣人生畜万物。

“皆知善”下通行本衍“之为善”三字,又“有无之相生”六句,并夺“之”字。“相形”作“相较”,“相盈”作“相倾”,“先后”作“前后”,“万物作而不始也”中“始”讹作“辞”。

“成而不居”,帛书本“成”衍作“成功”,句末有“也”字。通行本“成”讹作“功成”。

第三章

不尚贤,使民不争。①

不贵难得之货,使民不为盗。②

不见可欲,使民不乱。③

是以圣人之治也④,虚其心⑤,实其腹⑥,弱其志⑦,强其骨⑧。

恒使民无智无欲也⑨,使夫智不敢、不为而已⑩,则无不治矣⑪。

【注释】

① 不尚贤,使民不争:贤,能的意思。尚,嘉的意思。不褒嘉、彰显自以为贤能的人,则民不争其名。名,指“仁义之名”。② 不贵难得之货,使民不为盗:贵,隆的意思。不隆重难得之货,则民无欲求,民既无欲求,就不会为盗贼。货,指“法物”,即“礼之文饰”。③ 不见可欲,使民不乱:见,现的意思。可欲,指“名”、“货”,即“仁义之名”、“礼之文饰”。不彰显“名”、“货”,则民心素朴,而不受到外欲的扰乱。④ 是以圣人之治也:是以,因此。圣人之治,圣人之治天下。⑤ 虚其心:其,指民。虚静民心,使

其不求外得。⑥ 实其腹：饱食民腹，使其安定。⑦ 弱其志：志，识的意思。减弱民的志识，使其自然淡泊。⑧ 强其骨：强壮人民的筋骨，使其乐于生。六十五章："古之为道者，非以明民也，将以愚之也。夫民之难治也，以其智也。""虚其心"至"强其骨"句，就是所谓"愚之"，是指使民淳朴，安其居、乐其生。⑨ 恒使民无智无欲也：智，智巧者，指尚"仁"、尚"义"者，无智，则民素朴。"欲"指尚"礼"者，无欲，则不求外得。无智、素朴，则无求仁义之名，不贵难得之货；无欲、无求，则心不乱。⑩ 使夫智不敢、不为而已：恒使民无求仁义之名，不贵难得之货，不乱其心，则民不敢用智巧，则机诈巧伪不生。⑪ 则无不治矣：则，如此。无不治矣，无所不治。如果能使民无智无欲，而朴素，那么，天下就没有不能治理的了。

【导读】

不崇尚贤能，使民不争贤("贤"指标举仁义的美名)。不崇尚难得之货("难得之货"指礼的法物)，使民不为盗。不彰显能引动欲念的事物(指"贤"与"难得之货")，使民不受扰乱素朴的本质。因此圣人治天下的方法是：使民的心志虚弱，虚心则淳朴，知不足则务实，使民务实，强实民赖以为生的稼穑，使民的心志虚弱，少用意志，使民骨干强实。使民长久淳朴无智巧，欲望少，不绝弃智巧的人，只是使智巧的人既不愿从事也不愿从事智巧的事而已，如此就没有不能治理好的事。

本章"恒使民无智无欲也，使夫智不敢、不为而已，则无不治矣"，与《老子》第十章"涤除玄鉴，能勿疵乎？爱民治邦，能勿以智乎？"都谈到了面对智巧应有的态度。人以盘鉴盛泉水当镜子，先涤洗盘鉴，再注入很多的泉水，能没有一点杂质吗？不能。涤洗盘鉴，固然是为了要去除杂质，但是注入泉水时必然会有杂质，若想要完全澄澈的镜子，将盘鉴倒空以后，不注入新水，或只注入少许清水，固然得以无疵，却无法发挥作为镜子应有的功效，那样有什么补救办法呢？就是注入泉水，这么做盘鉴中将会有杂质，但是玄鉴——水很深的盘鉴才是明镜啊！同样的，"以智治邦，邦之贼也"(《老子》第六十五章)，君王不应以智巧来治邦，可是要表现爱民治邦的功效，能不用智巧吗？不能。正如涤洗盘鉴是为了要让盘鉴更澄澈，但是毫无杂质的盘鉴，必定是没有水的，而不再是玄鉴。智巧不好，可是君主不能要求所有人都不用智巧。可知君主当以“恒使民无智无欲也”为治国的方针，却不可强迫所有的人达成“无智无欲”这个目标，否则君主的美意会成为另一种智与欲。强求全然无瑕，反而不能持守初衷到底。如果老子认为“恒使民无智无欲也”是非要不可的结果，就不会随即在后面加上“使夫智不敢、不为而已”了。无智无欲就和要让镜中的水更干净一样，是出发点而不是结果。所以我们可以知道，老子不喜欢反智巧的口号，智巧不好，却不该把“反对智巧”作为政令，“绝智弃辨，民利百倍”(《老子》第十九章)只是无用的政令，老子引述了这些口号以后，说：“三言以为文，不足，或令之；或呼属。视素保朴，少私寡欲。”三句政令：“绝智弃辨，民利百倍；绝为弃作，民复孝慈；绝巧弃利，盗贼无有”，作为文饰还不够，还要命令、嘱咐！保持素朴本质，减少私意欲念就好了。面对智巧，只能自我要求“视素保朴”，不能高喊“绝智弃辨”。真正懂得爱民治邦的人，是不会把智巧者赶尽杀绝的。“我无事而民自富，我无为而民自化，我好静而民自正，我欲不欲而民自朴”(《老子》第五十七章)，使智巧者不敢、不为即可，这样子自然能使民无智无欲。智巧者“化而欲作，吾将镇之以无名之朴，夫亦将知足”(《老子》第十六章)，“绝智弃辨”不能抚镇智巧，“视素保朴”才可以让人人知足。

“上”，通行本作“尚”，“上”、“尚”通假，见三十八章。“不见可欲，使民不乱”，通行本衍“心”字，作“民心”。“使夫智不敢、不为而已，则无不治矣”，通行本讹作“使夫智者不敢为也，为无为，则无不治”，当据帛书乙本改。

第四章

道盅，而用之又不盈也[①]。
渊乎，似万物之宗[②]，
湛乎，似或存[③]，
吾不知其谁之子也[④]，
象帝之先[⑤]。

【注释】

① 道盅,而用之又不盈也:盅,器中空虚的样子。道盅,而用之又不盈,是指道就像盅一般,虚空而不满盈、源源不绝。② 渊乎,似万物之宗:渊,洄水。宗,祖先。似,像。道如洄水有其根源,而不断地回旋、源源不绝地创生万物,就像万物的原始。③ 湛乎,似或存:湛,深沉。道,深远,虽然不见形象,却好像是存在的。④ 吾不知其谁之子也:我不知“道”从何而来?为谁所生?⑤ 象帝之先:帝,上帝。“道”是先天地而生,实有而在上帝之先。

【导读】

“道”冲虚,像中空的器皿,是从来没有满过的。深远的样子,像是万物的祖先,深厚的样子,似乎是存在的,我不知道是谁生“道”的,只知似乎在上帝之前就有“道”了。

“帝”是最高的天神(上帝)或已死的君主。《尚书·洪范》:“帝乃震怒,不畀洪范九畴。”《礼记·文王世子》:“武王对曰:‘梦帝与我九龄。’”夏商周三代称已死的君主为帝,《礼记·曲礼下》:“天子登假,措之庙,立之主,曰帝。”《大戴礼记·诰志》:“天子崩,步于四川,代于四山,卒葬曰帝。”清黄生《义府·三代称帝》:“三代天子之号称王。然夏自帝启以下俱曰帝某,商则《易》称帝乙,《书》称‘自成汤至于帝乙’,初疑其说,后读《礼记》云‘措之庙,立之主,曰帝’,始解。”

王弼注:“冲而用之,用乃不能穷。满以造实,实来则溢。故冲而用之‘又’复不盈,其为无穷亦已极矣。”是王本原作“又”,且范应元本亦作“又”,今本作“或”,后人所改。郭店竹简三编“有”皆作“又”,是老子原文本作“又”。

“和其光、同其尘,挫其锐、解其纷”并见五十六章。帛书甲本夺“锐”字,当据补。本章言“道”,不应有此四句衍文。

第五章

万物不仁，以天地为刍狗①；
圣人不仁，以百姓为刍狗②。
天地之间，其犹橐钥与③？
虚而不屈，动而愈出④。
多闻数穷，不若守于中⑤。

【注释】

① 万物不仁，以天地为刍狗：不仁，是指没有亲疏之别。没有亲疏之别，则无所偏私，是顺应自然。刍狗，用以祭祀，贵以文彩，珍惜而器用之。万物尊道，以天地为刍狗而珍惜，无所偏私。② 圣人不仁，以百姓为刍狗：百姓，指百官。圣人尚德，犹如万物辅育天地，而无所偏失；珍惜百官，像祭品一样珍惜，不因人的善与不善而有弃人。如第二十七章"圣人恒善救人，而无弃人"。③ 天地之间，其犹橐钥与：橐钥，锻冶的风箱，即鼓风炉，中空，一鼓动则风源源不绝。在此用以喻天地养畜生物的德，似虚而源源不绝，遍及生物。④ 虚而不屈，动而愈出：屈，穷竭。不屈，不竭。动，作用。天地之间如橐钥的风，中空似虚，一作用，其风即源源不绝。⑤ 多闻数穷，不若守于中：闻，外得，博闻以为智。数，计。中，盅。守中，是指守虚。多求于外而失于内，多闻则计穷，如为学者离道日远，所以不如守于中。

【导读】

万物不分亲疏，没有偏私，将天地视为刍狗，珍惜而不偏爱；圣人不分亲疏，没有偏私，将百姓视为刍狗，珍惜而不偏爱。天地之间，如同风箱啊！中空而不穷竭，鼓动时可以源源不绝地生风。外在听闻得多，博闻多智，终归计穷，不如守道的冲虚。

《庄子·天运》："夫刍狗之未陈也，盛之以箧衍，巾之以文诱，尸祝斋戒以将之；及其已陈也，行者践其首脊，苏者取而爨之而已。"钱锺书《管锥编》:“万物刍物,乃天地无心而不相关,不省记,非天地忍心异心而不悯惜。”俗本“万物”、“天地”倒乙,所以钱说当互乙。“万物不‘仁’”、“圣人不‘仁’”都是说没有偏私。“圣人不仁,以百姓为刍狗”,圣人不分亲疏,没有偏私,将百姓视为刍狗,约为一句便是“大公无私”,与《尚书·洪范》“无偏无陂,遵王之义;无有作好,遵王之道;无有作恶,尊王之路”意思相近。

“天地不仁,以万物为刍狗”句帛书本所增衍,非《老子》原文。如有当作“万物不仁,以天地为刍狗”。疑此句乃战国时所衍增。“天地之间,其犹橐钥与?”通行本“与”作“乎”,当据帛书甲本改作“与”,“与”者“欤”也。

“多闻数穷,不若守于中”,通行本作“多言数穷,不如守中”,“闻”由外得,求于外而失于内,当据帛书甲本作“多闻数穷”,遂州本亦作“多闻”。

第六章

谷神不死,是谓玄牝①,
玄牝之门,是谓天地之根②。
绵绵乎若存,用之不勤③。

【注释】

① 谷神不死,是谓玄牝:谷,本作“浴”,指谷水。神,申。谷神不死,是说谷水伸延不绝。玄牝,喻道玄之又玄,如万物之母生育万物源源不绝。② 玄牝之门,是谓天地之根:玄牝之门,即“众妙之门”,指道的不绝以生万物,所以为天地的根本。③ 绵绵乎若存,用之不勤:用之不勤,用之不尽。道的绵绵不绝,虽不能视见,却是存在的,如橐钥虚而用之不尽。

【导读】

谷水延伸不绝,道生育万物就是这个样子,道是深远的万物之母。道犹如生殖的门,不断延伸。道就是创生天地的根本。绵绵不绝,似乎是存在的,虚而不穷竭,所起的作用是永无止境的。

郭店竹简甲编,“谷”写作“浴”,“欲”则书作“谷”,绝无混淆,“浴”读为

"谷"(屋见切)。本章帛书本"谷神不死";三十二章甲编"犹小谷之与江海";三十九章"谷得一以盈";四十一章乙编"上德如谷";六十六章甲编"江海所以为百谷王,以其能为百谷下,是以能为百谷王"。凡竹简、帛书并书作"浴",绝无例外。"谷神不死",是谓谷水延伸不绝。

第七章

天长地久。

天地之所以能长且久者,以其不自生也①,故能长生。

是以圣人退其身而身先②,外其身而身存③。

不以其无私与?故能成其私④。

【注释】

① 以其不自生也:其,指天地。不自生,不自生生,就是不自为养护生命。天地顺应着道的自然变化,不自求生生,所以长久。② 是以圣人退其身而身先:因为天地依循自然而不自生,所以圣人不敢为天下先而退其身,天下乐进而不厌。如第六十六章:"江海所以为百谷王,以其能为百谷下,是以能为百谷王。"③ 外其身而身存:外其生,即不自生。不自生生而至死地,所以身存。第五十章:"民生生,动,皆之死地之十有三。夫何故也?以其生生也。"④ 不以其无私与?故能成其私:承上而言,天地不自生、圣人外其身所以能长久。天地、圣人因能顺自然而无私,反而能成其私。

【导读】

天地是长久的。天地能够长久,是因为天地不擅自妄为地养护生命,只顺随自然,所以能够长久存在。天地不自为养生,顺随自然反而能长生,所以圣人退让,反而被人推到前面,不养护自身,反而能生存。不就是因他的无私吗?反而能保有他自己的生命。

帛书乙本衍"外其身而身先",当据帛书甲本删。

第八章

尚善如水[①],水善利物,而又争居众人之所恶[②],故几于道矣[③]。

居善地,心善渊,予善天[④]。

夫唯不争,故无尤[⑤]。

"言善信,正善治,事善能,动善时[⑥]"。

【注释】

① 尚善如水:尚善,指善利物的人。尚善利物的人,应该如同水之居下。② 争居众人之所恶:水居于众人之所恶,就如江海居于百谷下。这里是指圣人后其身,不敢为天下先的意思。③ 几于道:几,近。水善利物而且又争处众人之所恶的特性,是相近于道。④ 居善地,心善渊,予善天:圣人居如水处众人之所恶,心似水渊深,若水利物而自然。⑤ 夫唯不争,故无尤:因为水居下无争,所以天下没人可与他相争;因为不争,所以没有怨尤。⑥ 言善信,正善治,事善能,动善时:政令能够遵守信用,不争能够治理邦国,为事能够发挥才能,行动能够把握时机。这四句与"水"无关,可能是衍文,疑是后人妄增。

【导读】

崇尚善于利他的人,应当行事如水,水不但善于利他,而且又争居众人厌恶的地方,因此很接近道。水的居处是低下的地方,水的中心是水渊深处,水的施予是像天道自然一样无私的。因为居下不争,所以没有怨尤。"言而有信,认真处理庶政,从事的是有能力去做的事(量力而为),在对的时间行动"。

"尚善如水"的"善"字是"善利物"(善于利他)的意思,利物与利己相对,物与我相对,所以"水善利物"指利他。

《庄子·徐无鬼》:"人不以善言为贤。"成玄英疏:"喜好也。"《论语·泰伯》:"笃信好学,守死善道。"《群经平议·论语一》俞樾案:"善道与好学对文,善亦好也。”“居善地……动善时”等七个“善”字是喜好的意思。例如:“居善地”指水喜好居于低处,人厌恶低下,水却争着居住在众人厌恶的地方,所以说水的居处是低下的地方。“动善时”指为政者喜好在对的时机行动,也就是说为政者是在对的时间行动。

“上”者,尚也,见第三十八章。郭店竹简甲编,凡“争”字并书作“静”,故帛书甲本“静”当释作“争”,而三编“有”并作“又”,本章“有静”当作“又争”,郑良树《新校》引刘殿爵曰:“帛书本是一气读至‘恶’字然后断句的,意思是‘水不但善利万物,而且又争居众人所恶之处’。”刘说是。今本断句误,应从刘说,当作“水善利万物,而又争居众人之所恶”,唯“物”上衍“万”字,万物包括“天地日月”,水之利及于地上物,是不及于日、月、星辰,据此“万物”二字当衍“万”字。疑此句为战国时所衍增。水之居众人之所恶,犹江海之居百谷下,圣人之身在民后也,是不敢为天下先之意,故几于道也。然则通行本作“不争”,误矣。“夫唯不争,故无尤”以其不争也,故天下莫能与之争,不争故无怨尤也。

疑“居善地,心善渊,予善天”、“言善信,正善治,事善能,动善时”二十一字,非本章文字,或其中有帛书本抄者所讹抄,盖本章以“水”为喻,不得离水性而言,“居善地”言水居众人之所恶,居下地。“心善渊”言如水渊之深远。“予善天”言水利物而无所偏私如天。至若“言善信,正善治,事善能,动善时”则与“水”无关矣,或者四句为衍文,盖老子仅言前三句而后人妄增后四句也。通行本此七句无注。朱谦之于后四句亦仅略注之,是亦疑其不属于本章。

第九章

持而盈之,不若其已[①];
揣而群之,不可长保也[②]。
金玉盈室,莫能守也[③];
贵富而骄,自遗咎也[④]。
功遂身退,天之道也[⑤]。

【注释】

①持而盈之，不若其已：持，秉持着富贵。而，却。盈，满盈、自大。已，止。执持富贵却想满盈，则邦不治，应及早改正。②揣而群之，不可长保也：揣，锻冶兵器，这里是指用兵。群，群聚而为君。以武力群聚而为君，难以长久。这句与上句都是说治邦之道。③金玉盈室，莫能守也：金玉，难得之货。以财货为贵，即使深藏室内仍旧会遭致盗贼窃取，无法守住。④贵富而骄，自遗咎也：咎，祸患。既贵又求富而以富贵自骄于人的人，是自招祸患。与上句同是说全身之道。⑤功遂身退，天之道也：遂，完成。功劳完成，便身退其位，是顺应自然的举措。

【导读】

把持着而使它满盈，不如知止；用武力聚众为君，不能长久。将金玉收藏起来，储满内室，却还是无法守住它；有了名利而骄傲，乃是为自己留下过错。事情成了就退位，这样做是顺应天道自然的。

“持而盈之，不若其已”，甲编讹作“不不若已”当据帛书乙本改。“揣而群之”，甲编“揣”作“湍”，借字。“群”帛书乙本作“允”，亦“群”之借字，通行本作“锐”，误。

“金玉盈室”，通行本“室”作“堂”，金玉藏之室，故曰“守”，若置之堂，是炫耀也，则不可言“守”，通行本非。“盈”作“满”，因避讳而改。“金玉”，难得之货也，正适以致盗，“金玉盈室”正促盗而速祸也。“贵富”则当济贫贱，反而骄于贫贱，是自招其咎也。甲编“贵富”下脱一“而”字，应据帛书甲本补，通行本作“富贵”，当据甲编改。

第十章

载营魄抱一，能勿离乎①？
抟气致柔，能婴儿乎②？
涤除玄鉴，能勿疵乎③？
爱民治邦，能勿以智乎④？

天门启阖，能为雌乎[5]？
明白四达，能勿以知乎[6]？
生之畜之[7]。
生而不有[8]，长而不宰也[9]，是谓玄德[10]。

【注 释】

① 载营魄抱一，能勿离乎：载，设问连词，假若、倘若。营，救。魄，形体。营魄，就是惑于魄而救魄，是指养身。抱，负也，同于第四十二章“万物负阴而抱阳”的“抱负”。“一”，指“道之动”，同于第三十九章“昔之得一者”的“一”。离，通“罹”，遭遇。倘若想供养形体以求长生，又想合乎自然，能不忧虑吗？既要养身，又要养神，不能虚静，反而容易导致速死。② 抟气致柔，能婴儿乎：抟气，环气，即指吐纳。柔，筋柔，同于第五十五章“骨弱筋柔”。想以吐纳致使筋柔，能像含德深厚的婴儿一般吗？愈是使气，愈易致僵，违反自然，反致速死。这句与上句都是说养身而不知养德的人是背道而驰，足以伤害生命。③ 涤除玄鉴，能勿疵乎：玄，深也。鉴，古代以器皿盛水为镜。玄鉴就是指器皿盛水之多，可用为镜子。疵，这里是指泥沙。涤洗盛水以为镜的器皿，并且注泉水以照姿容，能够没有些许泥沙在底下吗？这里是指治邦就好像注水在深鉴一般，难免会有些许智巧的人存在。④ 爱民治邦，能勿以智乎：治邦而要表现爱民，能不用智巧吗？这里是指为政者用智巧来爱民，上行下效，而诈伪萌生。正如第六十五章“民之难治也，以其智也。故以智治邦，邦之贼也”。因此，有德的人治邦，能使民淳朴，畜养其民，却不自以为主。这句与上句都是说治邦以智巧而不知尚德的人。⑤ 天门启阖，能为雌乎：天门，指“心”，就是荀子所谓“天君”。启阖，是复词偏义，在这里取其“阖”义。雌，静。心机不动，能称为守静吗？⑥ 明白四达，能勿以知乎：明白，指“目”，就是荀子所谓“天官”。知，认知。张目探视，能不受外在认知的影响吗？与上句都是说为道以志而不能顺自然的人。⑦ 生之畜之：道，生长、畜养万物。⑧ 生而不有：道虽生养万物，却不以万物为己有。⑨ 长而不宰：道虽长育万物，却不自以为万物的主宰。⑩ 是谓玄德：玄，深。道生畜万物而不以为己有，不以为主宰，是所谓深德。

【导读】

假如想救自己的身体，又要自然，能够不忧虑吗？靠着呼吸吐纳，想使筋骨柔软，能够像婴儿一样厚德吗？以盘鉴盛泉水当镜子，先涤洗盘鉴，再注入很多的泉水，能没有一点杂质吗？要表现爱民、治邦的功效，能不用智巧吗？心闭合不动就可以算是静了吗？眼睛张开能否不受认知影响？道生万物，畜养万物。道虽然生万物，却不以万物为已有，虽然长养万物，却不以自己为万物的主宰，这是深厚的德。

“抟气”，《庄子·逍遥游》：“抟扶摇而上者九万里。”郭象引司马彪云：“抟，圜也。”圜，环也。“抟气”言环气，亦即旋气，还气也，犹今人所谓吐纳。

第十一章

三十辐同一毂①，当其无，有车之用也②。
然埴而为器③，当其无，有埴器之用也④。
凿户牖⑤，当其无，有室之用也⑥。
故有之以为利，无之以为用⑦。

【注释】

① 三十辐同一毂：辐，车轮里衔接车轴和轮圈的木条。毂，车辐交会的空洞。三十根车辐同用一毂。② 当其无，有车之用也：因为车毂中空，所以能有车转动的作用。③ 然埴而为器：然，燃烧。埴，黏土。燃烧黏土制成器物。④ 当其无，有埴器之用也：因为陶器中空，所以能有陶器盛物的作用。⑤ 凿户牖：牖，窗户。将房室凿出门户与窗户。⑥ 当其无，有室之用也：因为户牖中空，所以房室有供人居住的作用。⑦ 故有之以为利，无之以为用：利，赖。所以“有”可作倚赖，“无”可供使用。

【导读】

三十根车辐同用一毂，因为车毂是空的，所以有转动的作用。燃烧黏土制成器皿,因为陶器是空的,所以有盛物的作用。凿出门户和窗子,因为门户和窗子是空的,所以有供人居住的作用。所以“有”可作倚赖,“无”可供使用。

“埏埴”,《荀子·性恶》:“陶人埏埴而为器。”王先谦注:“陶人,瓦工也。埏,击也。埴,黏土也。击黏土而成器。”《说文解字》:“然,烧也。”《孟子·公孙丑上》:“若火之始然,泉之始达。”然,俗作燃,帛书甲本作“然”者是,乙本讹作“燃”,是“燃”之误。帛书整理小组据通行本释作“埏”,并误。此云:“烧土坯而为器,当其空处,有陶器之用”,语意完全,疑《荀子》原文亦作“然”,“埏”乃后人所改。

“凿户牖”,通行本“牖”下有“以为室”三字,非。此云“室凿户牖,其户牖凿空,乃为室用”,非言“凿空户牖来作室”,室本中空,不凿户牖不能用也,故当户牖空,方有室之用也。通行本非。

第十二章

五色使人目盲①,
驰骋田猎使人心发狂②,
难得之货使人之行妨③,
五味使人之口爽④,
五音使人之耳聋⑤。
是以圣人之治也,为腹而不为目⑥,故去彼而取此⑦。

【注释】

① 五色使人目盲:五色,指两色交错成五种章彩的衣服。盲,这里是指“乱”。五色之服使人目乱不明。② 驰骋田猎使人心发狂:为政者纵情狩猎,搅扰人民,使人心乱。③ 难得之货使人之行妨:妨,害。为政者贪餍难得之货,使人行乱。④ 五味使人之口爽:五味,指礼奉牛、羊、豕“三牺”加以鸡、犬为“五牲”,增马为“六畜”,此为五味。爽,伤。五味乱口,使口败伤。⑤ 五音使人之耳聋:五音,指歌九功、效八方之风、为七音、定六

律，是为五声。聋，听觉不敏。五音乱耳，使耳不聪。⑥ 是以圣人之治也，为腹而不为目：是以，因此。腹，此指厚实的“德”。目，此代指生理的欲望，即“礼”的法物。圣人之治，尚德无为，是以“德”待人，而不以法物凌人。如第三章：“圣人之治也，虚其心，实其腹，弱其志，强其骨，恒使民无知无欲也。”⑦ 故去彼而取此：彼，此指“目”，即“礼”的法物。此，此指“腹”，即“德”的厚实。五色、五味、五音是礼文所备。第三十八章：“夫礼者，忠信之薄而乱之首。”所以圣人之治，应当减省“法物、礼文”的繁缛，而取“德”的厚实。

【导读】

礼服上色彩交错的刺绣花纹让人看得眼花缭乱，狩猎扰乱人心，礼的饰物妨害人，使人行为错乱。各种味道渐渐地伤害人的味觉，各种声音渐渐地伤害人的听觉。因此圣人治理邦国，只重视厚实的德，不重视法物，因此离开法物而择取厚实的德。

礼服上交错的刺绣花纹是五色。《左传·昭公二十五年》：“青与赤谓之文，赤与白谓之章，白与黑谓之黼，黑与青谓之黻，五色备谓之绣。”“黼”与“黻”两者有所不同，黼为古代礼服上所刺绣的花纹，半黑半白，如斧之形；黻为古代礼服上所刺绣的花纹，青黑相间，如两“己”相背之形；一说两“弓”相背之形。

帛书甲本“驰骋田猎”、“难得之货”句，与乙本同。通行本误次在后二句。

第十三章

宠辱若惊，贵大患若身①。

何谓宠辱若惊？

宠为下也②，得之若惊，失之若惊③，是谓宠辱若惊④。

何谓贵大患若身？

吾所以有大患者，为吾有身⑤。乃吾无身，或何患⑥？

故贵以身乎为天下，若可以托天下矣⑦。

爱以身乎为天下，若可以寄天下矣⑧。

【注释】

① 宠辱若惊，贵大患若身：若，则也。贵，重也。大患，这里是指生生之厚，必入死地。面对宠辱则感到惊惶，看重身体则过度养护，以至于死。② 宠为下也：宠为下，宠比辱更为卑下。③ 得之若惊，失之若惊：无宠而得辱则仅止于辱，如果得宠而又怕失宠，其辱更深，所以宠为卑下。④ 是谓宠辱若惊：无论得“宠”或者得“辱”皆“惊”，都是外求而败德者，因此而说“宠辱若惊”。⑤ 吾所以有大患者，为吾有身：我之所以过度养护身体而易入于死地，是因为我有身体的欲求。此句仍在意于宠辱。⑥ 乃吾无身，或何患：或，有。患，担心。如果自外于身体，养身过度置于死地有什么可担心的呢？此是宠辱两忘，返还素朴，无所可惊。⑦ 故贵以身乎为天下，若可以托天下矣：所以为政者贵自身而重于贵天下，则可将天下寄托给他。⑧ 爱以身乎为天下，若可以寄天下矣：为政者如果爱自身重于爱天下，则可将天下寄托给他。

【导读】

得宠或受辱，得到名利或失去名利，都是令人惊惧不安的，珍惜忧患就像珍爱自身的德一样。“得宠或受辱都是令人惊惧不安的”是什么意思呢？得宠是比受辱更糟糕的，因为得宠之后失宠乃是比受辱更严重的羞辱，因此得宠是令人惊惧不安的，失宠也是，所以说得宠或受辱都让人惊惧不安。“珍惜忧患像珍爱自己的身子一般”是什么意思呢？我有大患，是因为担心得宠、受辱会伤害我自身，而这种担心使我败德不顺自然。当我不担心自身得宠受辱，是否得到名利或失去名利，那我还有什么忧患呢？所以把自身的德看得比天下还贵重的，可以把天下寄托给他。爱自身的德甚过爱天下的，可以把天下寄托给他。

得宠是比受辱更糟糕的，所以圣人是怎样面对受宠的时日呢？《老子》第六十六章：“圣人之在民前也，以身后之；其在民上也，以言下之。其在民上也，民不厚也；其在民前也，民不害也，天下乐进而不压。以其不争也，故天下莫能与之争。”《老子》第七十七章：“孰能有余而有以取奉于天者乎？唯有道者乎！是以圣人为而不有，成而不居也，若此。其不欲见贤也。”受宠的时日他仍然取奉于天，就像当他有所不足时，取奉于天一般，圣人仍然不争、不求自我表现，“圣人退其身而身先，外其身而身存”（《老子》第七章），“含德之厚者，比于赤子；蜂虿虺蛇不螫，攫鸟猛兽不搏”（《老子》第五十五章），他因以己身的德为重的缘故，所以永远不入于死地，虽因得宠而不安，仍能得平安。

“宠辱若惊，贵大患若身。何谓宠辱若惊？宠为下也，得之若惊，失之若惊，是谓宠辱若惊。”乙编“宠”上“人”字应属第二十章，第二十章帛书本“亦不可以不畏人”有“人”字，“何谓宠辱”下脱“若惊”二字，“是谓宠辱”下脱“若”字，当据帛书甲本补。“宠为下也”，通行本脱“也”字，帛书甲本、乙本作“宠之为下”，义虽无别，当据乙编作“宠为下也”，语气完足。

“或何患”，帛书甲本、乙本“有何患”，“有”、“或”通假，郭店竹简三编凡“有”皆作“又”，而此作“或”，不作“又”，是作“或”为《老子》原文，通行本衍“吾”字。

“故贵以身乎为天下，若可以托天下矣；爱以身乎为天下，若可以寄天下矣。”王弼注：“无物可以易其身，故曰贵也。如此乃可以托天下也。无物可以损其身，故曰爱也。如此乃可以寄天下也。不以宠辱荣患损易其身，然后乃可以天下付之也。”是“托天下”、“寄天下”，乙编、帛书甲本、乙本次第先后如此，王注、王本不误，今通行本误者乃后人所改。“贵以身于为天下”、“爱以身于为天下”，《庄子·在宥》这样引《老子》，而郭店简凡“于”则作“乎”，“于”犹“乎”也，故以“乎”补。

第十四章

视之而不见，名之曰微①。

听之而不闻，名之曰希②。

捪之而不得，名之曰夷③。

三者不可致诘，故混而为一④。

一者，其上不皦，其下不昧⑤，绳绳乎不可名也⑥，复归于无物⑦。

是谓无状之状、无物之象，是谓忽恍⑧。

随而不见其后⑨，迎而不见其首⑩。

执今之道，以御今之有[11]，以知古始，是谓道纪[12]。

【注释】

① 视之而不见，名之曰微：微，隐。道的运行是隐而不见的，实际上有，视之却无，所以叫“微”。② 听之而不闻，名之曰希：希，静。道的运行寂静无声，实际上有，听之却无，所以叫“希”。③ 搏之而不得，名之曰夷：夷，灭。道的运行灭而无形，实际上有，抚之却无，所以叫“夷”。④ 三者不可致诘，故混而为一：三者，指“微”、“希”、“夷”。致诘，追究。一，即第三十九章所谓“一”，是指道的运行为“有”。“微”、“希”、“夷”三者有而无色、无声、无形，无法追究，却有生之畜之的德，所以称为“一”。⑤ 一者，其上不皦，其下不昧：皦，明。昧，暗。其上，其前，指“道”。其下，其后，指“万物”。“一”，即所谓“有”，其前“道、无”，所以不明；其后万物，有形有名，所以不暗。⑥ 绳绳乎不可名也：绳绳，运动的样子，指道之动。⑦ 复归于无物：复，又。无物，指“道”之“无”。“一”是“道”的运行，实有而不可名，最终又归于“无”。⑧ 是谓无状之状、无物之象，是谓忽恍：是谓，这就是说。忽恍，即“恍忽”，指道之动，实际上有，却视之、听之、抚之若无。不见形状的形状，不见形体的形象，就叫“忽恍”。⑨ 随而不见其后：道的运行是不绝的，因此，想要尾随于“一”却不见其后。⑩ 迎而不见其首：道的运行是不绝的，因此，想要面迎于“一”却不见其首。这两句是说“道之动”无始无终。⑪ 执今之道，以御今之有：执，执持。御，治。有，域。执持今之道以治今之域，是顺其自然。⑫ 以知古始，是谓道纪：古始，原始。道纪，道的端绪。以道的运行推知原始皆本之自然，这就叫做“道纪”。

【导读】

道的运行是肉眼看不清楚的，所以说是细微的。道的运行是听不出来的，所以说是少有声音的。道的运行是无法抚摸感觉到的，所以说是平坦的。道微希夷的特质都感觉不到无法追究，所以掺杂着谈论，称为“一”（道的运行）。“一”是从哪里来的不清楚，所生成的一切却是清楚可命名的，道像绳索不断延伸，深远又深远，不能命名，创生了万物，而物象又终归于无有。这就是看不见形状的形状、看不见形体的形象，这就叫作“忽恍”。假若能够跟在后面，还是看不到它的尾端是在哪里终结的，假若能够迎向它，与它面对面，还是看不到它的起始的。把握适合现今的方法，就现今社会所需，来治理现今的社会，（这样的做法乃是顺从自然的作法）这样治理社会，是顺自然推知从最初之时，道的开始就是本着自然而行动的，这就是道的端绪。

“微”有“隐”、“无”义。道之动隐而不见，实有而视之却无，故曰“微”。范应元本作“幾”，曰“孙登、王弼同古本”，而今通行本作“夷”，是后人所改。

“一者，其上不皦，其下不昧”，“一者”各本并夺，当据帛书本补。

帛书本“寻寻呵”即通行本“绳绳兮”，义同，当作“绳绳乎”。“乎”，郭店楚简甲编、乙编，凡帛书，通行本作“呵”、“兮”者，并作“乎”，故据改。

第十五章

古之善为士者①，必微弱玄达，深不可识②。
是以为之容③：
豫乎其若冬涉川④，犹乎其若畏四邻⑤，
严乎其若客⑥，涣乎其若释⑦，
淳乎其若朴⑧，混乎其若浊⑨。
孰能浊以静者，将徐清⑩；孰能安以动者，将徐生⑪。
保此道者不欲盈⑫，夫唯不欲盈，是以能敝而不成⑬。

【注释】

① 古之善为士者：古时候善于为士者。② 微弱玄达，深不可识：弱，柔弱，即“骨弱筋柔”。玄，深。达，通。深，深藏。不可识，不自标识，不自贤也。此指古时候善于为士者，必定骨弱筋柔而深通道理，深藏其德而愚其外貌。③ 是以为之容：是以，因此。容，动，犹“孔德之容”的“容”。因此他的动作、行为。④ 豫乎其若冬涉川：豫，犹豫。深思警惕，如同冬日涉川。⑤ 犹乎其若畏四邻：犹，犹豫。畏四邻，指谦下。深思警惕，如同

敬畏四邻。此指古善为士者自为谨慎谦下。⑥ 严乎其若客：严，严谨。心怀严谨，则不自矜。⑦ 涣乎其若释：涣，流散。释，凌释而为水。心藏融通，则不自伐。此指古善为士者为客不为主，不居功为己有。⑧ 淳乎其若朴：淳，淳厚。朴，未经雕刻之木。心怀淳厚，则不自现也。⑨ 混乎其若浊：混，浑朴。心藏浑朴，则不自是。此上四者指古善为士者，不自矜、不自伐、不自现、不自是。⑩ 孰能浊以静者，将徐清：以，而。徐，渐。谁能使浊而渐静，将使之清。⑪ 孰能安以动者，将徐生：安，定、静。谁能使定而渐动，将使之生。⑫ 保此道者不欲盈：养德的人守道之动不求盈满。⑬ 夫唯不欲盈，是以能敝而不成：养德的人守道之动不求盈满，反而能够使德取之不尽、用之不竭，因此宁敝而不图成。"能"、"宁"一声之转。

【导读】

古代善于把事情处理好的人，必定是微弱而深达于道理的，深达于道理所以不标举自己，只顺服自然。因此他是这样子行动的：他详虑善谋，如冬涉川，如同畏惧邻家一般。他是严谨的，如作客一般，不标榜自己。他是肯融通流散的，如同融冰，事情完成便退去。他是自然真实的，如同未经雕刻的木头。他是混而未分的，如同浊水一般。谁能够使混浊的渐渐平静，使它清澈呢？是道啊！谁能够使静止的渐渐运行使它活动呢？是道啊！愿意遵守道运行规律的人不愿满盈，因为不求满盈，所以宁愿破败，使"德"能用之不竭，而没有完成不完成的问题。

"士"与"事"古字通用，士有能胜任的意思，指成事遂功的人。《诗经·郑风·褰裳》"岂无他士"，孔颖达疏："以其堪任于事，谓之为士。"《荀子·修身》"好法而行，士也"，杨倞注："士，事也，谓能治其事也。"《逸周书·太子晋》"胄子成人能治上官谓之士"，朱右曾集训校释："士之为言能任事也"。《老子》中有"士"字的章节有第十五章："古之善为士者。"第四十一章："上士闻道，勤能行之；中士闻道，若存若亡；下士闻道，大笑之。不大笑，不足以为道……夫唯道，善始且善成。"第六十八章："善为士者不武。"士应效法道，善始且善成，而且能够慎终如始。能遵行道的，行事与道相符，因此能够成事遂功，叫作上士。至于中士、下士，都不是能够成事遂功的。中士闻道虽有实行的意思，却若存若亡，"人之败也，恒于其且成也败之”(第六十四章),所以中士不能成事遂功,能开始行道却不能成事。认为道很荒谬的下士,对于行道,他很不以为然,更别说要成事了。要注意《老子》虽然有层次(例如上、中、下)的差别,但是“能不能成事遂功?”“能否没身不殆?”这些问题都是二分的。

“识”不是指“认识”,而是指标举自己,善为士的人顺从自然,而不偏行己路,他没有自己的意见,不会标举自己。“古之善为士者,必微弱玄达,深不可识”是说古代善于把事情处理好的人,必定是微弱而深达于道理的,深达于道理,所以不标举自己,只顺服自然。士指成事遂功的人,玄达指深达于道,“深不可识”是说因为身为深达于道的人,所以不可标识、标举自己,否则会悖离深达于道的原则,便不再是深达于道、善为士的人。

“士”,帛书乙本作“道”,当据甲本作“士”,“微弱玄达”之“弱”,乙本、通行本作“妙”并非。“玄达”通行本作“玄通”,“通”“达”义同,当据甲编作“达”。

“是以为之容”,帛书甲本、乙本、通行本并作“故强为之容”,有“强”字,义长,疑当补作“是以强为之容”,甲本、乙本“容”下衍一“曰”字,当据甲编删。“呼、呵、兮”通,本章并作“乎”,以甲编早出,而三编,皆同作“乎”,是《老子》本作“乎”也,与十四章说同。

甲编无“旷呵其若谷”句,帛书本衍,通行本此句误衍在“混乎”句前。“涣兮其若释”,帛书甲本、乙本“释”上有“凌”字,通行本作“若冰之将释”。《说文解字》:“涣,流散也。”《玉篇》:“涣,水盛貌。”释而为水者“凌”,“冰也”,故不需重此“凌”字,或“冰”字,甲编作“涣乎其若释”者,是也。

“孰能浊以静者,将徐清;孰能安以动者,将徐生。保此道者不欲盈,夫唯不欲盈,是以能敝而不成。”甲编“保此道者不欲盈”,“盈”上衍一“尚”字,“盈”下残缺,今据甲本、乙本补。乙本脱“夫唯不欲盈”句。通行本夺“欲”字,当补。又通行本“不成”作“不新成”,误。

“能敝而不成”。通行本“成”上衍“新”字,误也。

第十六章

致虚，恒也[1]；守中，笃也[2]。

万物旁作，居以须复也[3]。

天道员员，各复其根[4]。

归根曰静[5]，静，是谓复命[6]。

复命常也，知常明也[7]；不知常，妄；妄作，凶[8]。

知常容，容乃公[9]，公乃王，王乃天[10]，天乃道，道乃久[11]。

没身不殆[12]。

【注释】

① 致虚，恒也：致虚，持守虚静。恒常地持守虚静。② 守中，笃也：守中，笃守于中。“中”即“盅”，道盅，而用之又不盈，所以笃守于中。笃守如器虚的“道”。③ 万物旁作，居以须复也：作，生长。须，待。复，指复归自然，合于道。万物繁盛生长，居“虚”与“中”而待回归“道”的本始。简本作“方”，释作“旁”，今作“滂”。帛本作“旁”，王弼本作“并”，“并”是“旁”的引申义，谓万物滂然大作繁盛生长。④ 天道员员，各复其根：员，运。复，返。天道的运行，各返其根而归于寂静。⑤ 归根曰静：曰，则也。返回其根则“静”。⑥ 静，是谓复命：命，本源。归于静，这就叫做返回“道”之本。⑦ 复命常也，知常明也：返回“道”之本，是恒常不变的过程，知天道运行有其常，是为清明。⑧ 不知常，妄；妄作，凶：不知天道运行之常，则私自妄为；私自妄作，则凶。⑨ 知常容，容乃公：容，动。公，公平。知天道运行有其常，则无不公；无不公，则公平无私。⑩ 公乃王，王乃天：王，天下王、社稷主。天，顺于天。公平无私则为天下王、社稷主；为天下王、社稷主，则顺于天之道。⑪ 天乃道，道乃久：顺天同德则体道，体道则能长生久视。⑫ 没身不殆：没身，终身。殆，危殆。致虚守中、归根于静的人，终身不会陷于危殆当中。

【导读】

积累盅虚之道，这才是长久的。顺守盅虚之道，这才是实在的。万物滂然大作繁盛生长，顺随着自然，我也顺随着万物复归于自然。天道运行，各自返回根本。归返根本就是回复到静的状态。静了，就是返回根本。返回根本，是恒常而平常的，是本当如此的。能知道关于"返回根本"——这些恒常而平常的事，心是清明的。不愿"返回根本"，不顺着道，而顺着己意，乃是妄为。凭己意妄为必遭凶险。知道本当如此，顺着道来动作，顺道而动则公正无私，公正无私则能称王，称王则与天合德，与天合德则顺道而动，顺道而动则可以长久。终身不遭凶险危殆。

《老子》第五十九章："重积德则无不克，无不克则莫知其极。莫知其极，可以有国，有国之母，可以长久。"积德才能长久，"致虚，恒也"说的正是这个道理，积累盅虚之道则可以长久。

盅虚的意象乃是中空的器皿，《老子》第十一章说"有之以为利，无之以为用"（"有"可作倚赖，"无"可供使用），中空的器皿的中空——也就是"无"，虽是依赖着"有"撑起来的，但是"无"（中空）才是能用与否的关键，"无"才是根本。值得注意的是，对老子来说，"无"是中空的，而中空才是"厚"、"实"的。对照《老子》第三十八章"夫礼者，忠信之薄也而乱之首也；前识者，道之华也而愚之首也。大丈夫居其厚而不居其薄，居其实而不居其华"可知，居"薄"、"华"的，是重礼而失忠信，重视先行标识其作为，不完全依照道的盅虚来行动，华夸了道。居"厚"、"实"的表现则是积累顺守盅虚之道。

归根就是返回根本，不是返老还童，而是于出生入死的过程中顺自然成为生之徒（详见《老子》第五十章）。

"天道员员"，帛书甲本、乙本则讹"道"为"物"，而通行本则改"天"为"夫"，而各本并讹作"夫物云云"矣。"归根曰静"帛书乙本脱"归根"二字。"不知常，妄；妄作，凶"，通行本"常"下脱一"妄"字，当据帛书甲本、乙本补。

第十七、十八章

太上，下知有之①；其次，亲誉之②；其次，畏之③；其次，侮之④。

信不足，安有不信⑤。

犹乎，其贵言也⑥。成事遂功⑦，而百姓曰我自然也⑧。

故大道废，安有仁义⑨；智慧出，安有大伪⑩。

六亲不和，安有孝慈⑪；邦家昏乱，安有忠臣⑫。

【注释】

① 太上，下知有之：太上，最上、最好的意思，这里是指尚德者。下，此指百姓，百姓，百官。最好的是为政者尚德，百官仅知他的存在，顺自然而行政。② 其次，亲誉之：其次，指次于太上，指尚仁者。亲，亲近。誉，赞美。次于尚德者的是为政者尚仁而有亲疏之分，百官因亲近而赞美之。第三十八章"失德而后仁"。③ 其次，畏之：其次，指次于尚仁，即尚义者。畏，畏惧。为政者尚义，百官因利害关系而畏惧他。三十八章"失仁而后义。"④ 其次，侮之：其次，次于尚义，指尚礼者。侮，攘臂相抗。为政者尚礼，百姓因此有贵贱之分，以礼相互约制。如第三十八章"尚礼为之而莫之应也，则攘臂而扔之"，"失义而后礼"。⑤ 信不足，安有不信：安，乃。为政者诚信不足，这使百姓不信为政者。⑥ 犹乎，其贵言也：犹，深思警惕。贵，重视。言，政令。谓慎行政令。尚德的为政者，自然无为，不以政令为教。⑦ 成事遂功：遂，完成。尚德者居无为之事、行不言之教、不以形立物，所以成就事迹功劳。⑧ 而百姓曰我自然也：成就事迹功劳的时候，百官以为是自然如此。⑨ 故大道废，安有仁义：所以大道废止，于是有仁义。⑩ 智慧出，安有大伪：智巧出，所以行礼如仪，于是有诈伪。⑪ 六亲不和，安有孝慈：六亲不和睦，于是赞扬孝慈。六亲是指父子、兄弟、夫妇。⑫ 邦家昏乱，安有忠臣：邦家昏乱，于是赞扬忠臣。

【导读】

最好的统治者仅仅让百官知道有他这么一个人；次一等的，受到百官的爱戴赞美；更次等的，让百官害怕；再更次等的则是被百官辱骂侮辱。信誉不足，所以有不信的。最好的统治者犹豫又谨慎，不会常常使用政令。成事遂功，百官只说："我顺守自然。"所以大道被舍弃了，才出现"仁"、"义"；出现智巧，才有大大的虚假。六亲不和，我们才会听到"孝顺"和"怜悯"这种美名；邦国混乱、漫无秩序，才有"忠贞的官员"这种赞誉。

百姓指百官。即使百官具备了"亲"的身份，王者仍要公正无私。当百官不靠着赞誉王以亲近王，而是根据事实，说王"希言，自然"，那个王必然是顺守自然、尊道贵德、鲜少使用政令的为政者，这样的称誉才是真实美好的。为政者一旦受制于亲疏、利害、贵贱，而对不同关系的人有不平等的对待，百官的口中就会发出虚假的赞誉。

第十七、十八两篇应为一章，而今通行本及帛书分为二，不当，故据丙编合并于此。

"成事遂功"，帛书甲本、乙本作"功成事遂"，今据丙编，盖事在先，成事而后有功可言也。第三十四章亦当如此。通行本夺"故"、"安"等语首词，当补。

丙编漏抄"智慧出，安有大伪"七字，甲本、乙本、王本并有，当据补，且此四句交错成文，谓"大道废，安有仁义，六亲不和，安有孝慈"。"智慧出，安有大伪，邦家昏乱，安有忠臣"。分指"仁义"（前识者）与"礼"，亦证丙编漏抄。王引之《经传释词》"安作'案'，或作'焉'，其义一也。其作安者：……老子曰：'往而不害，安太平。'言往而不害，乃得平泰也。"王引之以第三十五章《老子》为证，而本章丙编全作"安"，是今所谓"按"、"焉"作"语首连词"者，是《老子》原本作"安"。

第十九章

绝智弃辧，民利百倍①；
绝为弃作，民复孝慈②；
绝巧弃利，盗贼无有③。"
三言以为文④，不足，或令之，或呼属⑤。
视素保朴，少私寡欲⑥。

【注释】

① 绝智弃辨，民利百倍：智，智巧。辨，分，通指亲疏、利害、贵贱之分。弃绝智巧，民归素朴得其畜养。智，指自贤者。如第三章“不尚贤，使民不争”，所以民利百倍。② 绝为弃作，民复孝慈：为，心为。作，作为，皆偏为之意。弃绝以私心偏为，六亲相和回归孝慈。“为”、“作”，即前识者。如第三章：“不见可欲，使民不乱”，所以回复孝慈。指“仁”、“义”而言。③ 绝巧弃利，盗贼无有：巧，工巧。利，依赖。弃绝工巧和依赖，民复淳朴无觊觎之心。“巧”、“利”，工于奇货依于法物者。如第三章“不贵难得之货，使民不为盗”，所以盗贼之心无有。指“礼”而言。④ 三言以为文：言，政令。三言，以上三句政令，是为政者所宣扬的美言。文，文采斑斓的政令，即美言。用斑斓文采修饰为政者所宣扬的政令。⑤ 不足，或令之，或呼属：用斑斓文采修饰政令不足，又或命令，又或呼嘱，言之又言；指为政者言之再三，民仍不信。呼属，即附嘱，一再交代。⑥ 视素保朴，少私寡欲：视、保，养的意思。这是告诫为政者应养其素朴，不私心作为，不要白白使用“言”教。

【导读】

“除尽智巧与分别，民利百倍。除尽有所作为的‘仁’、‘义’，民复孝慈。停止了对工巧之物（法物）的依赖，盗贼（觊觎之心）无有”，为政而败德者以三句政令作为文饰还不够，还要命令人、嘱咐人！为政者保持素朴本质、减少私意欲念就好了。

老子虽有绝弃的主张——“绝学无忧”，在《老子》中也有许多被否定的事，老子否定了“甚”、“泰”、“奢”、“为目”、“礼”、“前识”。《老子》第二十九章“去甚，去泰，去奢”、《老子》第十二章“为腹而不为目，故去彼而取此”、《老子》第三十八章“夫礼者，忠信之薄也而乱之首也；前识者，道之华也而愚之首也。是以大丈夫居其厚而不居其薄，居其实而不居其华。故去彼取此”，所论的“去”是指离开，虽与第十九章“绝智弃辨”、“绝为弃作”、“绝巧弃利”的“绝弃”相近，却有着要求自己和要求别人的差异。“去甚，去泰，去奢”、“去彼取此”是自我约束，所以《老子》说“我欲不欲”（《老子》第五十七章）、“欲不欲，不贵难得之货”（《老子》第六十四章）。而第十九章的“绝弃”之论，尽管所绝弃的对象是老子否定的事，但是老子不会刻意说要“绝弃”，败德者才会刻意以“言”(政令)夸言绝弃，老子认为为政者只要“视素保朴，少私寡欲”就好。《老子》第五十七章“我欲不欲而民自朴”，“欲不欲”则能素朴，“少私寡欲”与“欲不欲”意思相近，所以“少私寡欲”则能素朴。《老子》第二十八章“复归于朴……大制无割”，“视素保朴”的结果是“复归于朴”，而“复归于朴”则“无割”，所以“视素保朴”则“无割”，保养素朴则不割裂。“素朴”与“智”相对；“无割”与“辨”相对。“视素保朴，少私寡欲”，与“绝智弃辨”所否定的对象是一样的。不能刻意说要“绝弃”，乃是因为《老子》对于应该被否定的思想，也不刻意去否定。王弼注“圣人不立形名以检于物，不造进向以殊弃不肖”，圣人法道，所以“不立形名”也“不造进向”。一旦有了形名、进向，就如同掌握了关钥，看似安稳，事实上却是确立了被破坏的可能性，因此《老子》第二十七章说：“善闭者无关钥，而不可启也；善结者无缠约，而不可解也。”将三言作为文饰，还不够，又命令、又咐嘱乃是以政令为教，与《老子》第二章“行不言之教”相反，因此是败德者的行为。对此，老子提出“视素保朴，少私寡欲”，为政者“居无为之事，行不言之教”(《老子》第二章)，民就能自化、自正。反之，以政令来禁止、限制人的思想，“美言不信”，这种浮夸的政令是不能真正被落实的。虽然不希望人变得智巧，如：“为”(仁)—想要有所作为、“作”(义)—有所作为。觊觎礼之法物，依赖工巧的饰物以分贵贱，但是不能以政令禁止人，“我欲不欲而民自朴”(《老子》第五十七章)，只求自己能视素保朴、少私寡欲，如此民众就可以自然质朴。

甲编作“绝巧弃利，盗贼无有”句，误抄在“绝为弃作，民复孝慈”句前，当据帛书本移正。“孝慈”之“孝”，甲编讹作“季”，此形近之讹也。

甲编“绝智弃辨”，后来各本讹作“绝圣弃智”。老子多称“圣人”，绝无非圣之言，今作“绝圣”，必战国末所改。

甲编“三言以为辨(斑)，不足”。帛书本作“此三言也以为文，未足”。义同，而通行本乃讹作“此三者以为文，不足”。“三言”讹作“三者”，“三言”指涉所举“绝智弃辨”等三言乃为政者之政令，作三者，则原义晦而不明矣。

“视素保朴”，是老子之告诫语，帛书本以来各本讹作“见素抱朴”，此“见”乃“视”之坏，而“抱”乃“保”之讹也。

第二十章

唯与诃，相去几何[1]？

美与恶，相去何若[2]？

人之所畏，亦不可以不畏也[3]。

望乎，其未央哉[4]！

众人熙熙，若享于太牢，而春登台[5]；我泊焉未兆，若婴儿未咳[6]。

累乎，如无所归[7]！

众人皆有余，我独若遗[8]，我愚人之心也，沌沌乎[9]。

俗人昭昭，我独若昏乎[10]，俗人察察，我独闷闷乎[11]。

忽乎，其若海[12]；恍乎，其若无所止[13]。

众人皆有以，我独顽以鄙[14]。我欲独异于人，而贵食母[15]。

【注释】

① 唯与诃，相去几何：唯，应诺。诃，呵斥。恭敬而应诺和愤怒而呵斥相差多少？意指是非无定，合同则应诺，别异则诃斥，俱为现象，非真。如第二章“有无之相生也，难易之相成也”之“有无”、“难易”，是相对而存在，不是本质。② 美与恶，相去何若：美，美好。恶，丑恶。美好和丑恶又相差了多少？意指凡有一美必有一恶，此为现象，非本质。③ 人之所畏，亦不可以不畏也：畏，畏惧。众人所畏惧的，我也不可以不顺随众人而标新立异。④ 望乎，其未央哉：望，远视茫茫，广泛之意。央，尽。其未央哉，感叹“道”广泛而无涯际。⑤ 众人熙熙，若享于太牢，而春登台：熙熙，有所得欣喜于外。太牢，九鼎的飨宴。而春登台，而，如。即“如登春台”。众人若有所得，像是参加丰盛飨宴，又像春日登台远眺。⑥ 我泊焉未兆，若婴儿未咳：我，泛指体道者。泊，淡泊。兆，分、别。咳，笑。未咳，指未满岁的婴儿笑，天真未泯。体道的人清静无为，就像婴孩的笑天真未泯，无忌讳、不相分，素朴淳厚。⑦ 累乎，如无所归：累，疲。疲懒空虚，好像没有归处。⑧ 众人皆有余，我独若遗：有余，自足自满。遗，不足空匮。

众人都自足自满，只有体道者好像不足空匮。⑨ 我愚人之心也，沌沌乎：愚，蠢，通淳，指淳厚。沌沌，指素朴。体道者的心淳厚、素朴。⑩ 俗人昭昭，我独若昏乎：昭昭，明亮，自见之意。若昏，若混浊不明。俗人都自炫其明，只有体道者若混浊，不自现其清。⑪ 俗人察察，我独闷闷乎：察察，明察，自贤之意。闷闷犹昏昏，混混不明。俗人都自现其贤，只有体道者不自现其才。⑫ 忽乎，其若海：忽，恍，道之忽恍。"道"之忽恍，如江海居下，能纳百川。⑬ 恍乎，其若无所止：恍，忽，"道"之恍忽。"道"之恍忽，像是没有止尽。⑭ 众人皆有以，我独顽以鄙：有以，有用。顽以鄙，"以"，似，"顽以鄙"即顽似鄙。鄙，陋。众人都展现其才用，只有体道者看似愚陋。⑮ 我独异于人，而贵食母：母，根本。食母，食的根本，即"甘其实，美其腹，乐其俗，安其居"。只有体道者与众人不同，而以尊道修德谨守素朴为重。

【导读】

应诺与呵斥差了多少？美好与丑恶差了多少？众人害怕的，为了不标新立异，我也害怕。广阔无边，道是没有尽头的啊！众人欣喜，像是要去赴宴，又如春日登台；我素朴淳厚，淡泊而无分别，像尚未能辨人而笑的新生儿。懒懒散散，好像没有归处！众人都有余，只有我若有所失。我淳厚的心，是素朴的。人人都明亮，看起来是混浊的只有我。人人都善于明察，只有我看起来是昏头昏脑的。"道"之忽恍，如江海居下，能纳百川。"道"之恍忽，像是没有止尽。众人都展现其才用，愚顽鄙陋的只有我。我愿与众人不同，而以尊道贵德谨守素朴为重。

在通行本与竹简本、帛书本以来各本"唯与诃，相去几何?"句前皆为"绝学无忧"。"绝学无忧"和第十九章"绝智弃辨"、"绝为弃作"、"绝巧弃利"都使用了"绝弃"的概念，"学"的内容也与第十九章相近，都和拘于仁而分亲疏、拘于义而分利害、拘于礼而分贵贱有关系。"绝学无忧"和第十九章"绝智弃辨"、"绝为弃作"、"绝巧弃利"却有着自我约束和要求别人的差异，尽管第十九章所绝弃的是老子否定的事，但是老子不会刻意说要"绝弃"，第十九章的"绝弃"之论，乃是"三言"，败德者才会刻意以"言"(政令)要绝弃。第十九章是说为政者只要保养自己的素朴就好，别再强调绝弃,所以我们可以推断“绝学无忧”不是第十九章的内容。郭店简《老子》乙本“绝学无忧”句前面是第四十八章的章句,后面是第二十章的章句,“绝学无忧”与第四十八章文意相通,应为第四十八章的章句。

“唯与诃,相去幾何?美与恶,相去何若?人之所畏,亦不可以不畏人”乙编仅此,同简下接第十三章。郭店楚简编者,误将“人”字属下章,非也,帛书本皆有“人”字,通行本脱此“人”字。疑此“人”字当从《淮南子·道应》引文作“也”。

“绝学无忧”,乙编上接第四十八章。验之乙编,“绝学无忧”上接“亡为而亡不为”句,应随上读,且帛书甲本亦无此四字,帛乙本、通行本并误。

帛书甲本、乙本“相去”上有“其”字,义同,末“畏”字下有人字。通行本“诃”借作“阿”,“美”讹作“善”。“何若”,王注不误而正文为后人所改作“若何”,当据王注更正。

第二十一章

孔德之容,唯道是从①。

道之物,唯恍唯忽②;

忽乎!恍乎!中有象乎③。

恍乎!忽乎!中有物乎④。

幽乎!冥乎!中有情乎⑤。

其情甚真,其中有信⑥。

自今及古,其名不去,以顺众父⑦。

吾何以知众父之然也,以此⑧。

【注释】

① 孔德之容,唯道是从:孔,大。容,动。从,遵从。大德只遵从道而运行。② 道之物,唯恍唯忽:之,往。道之物,指道生物的过程,同第十四章的“忽恍”、第三十九章的“一”、第四十二章的“一生二,二生三”,就是实有,即四十一章的“有”。道生物的过程是恍恍忽忽、混混不明的。③ 忽

乎！恍乎！中有象乎：恍恍忽忽，其中却有实象的存在。④ 恍乎！忽乎！中有物乎：混混不明，其中却有实物的存在。⑤ 幽乎！冥乎！中有情乎：深远暗昧，是真实存在于其中的。⑥ 其情甚真，其中有信：其，指道生物的过程的实有。真，真实。信，申、申张，生生不已。道生物过程中的情状真实，生生不已。⑦ 其名不去，以顺众父：其名不去，不离其德。众父，众甫，“父”，当世而绝，指“今之有”，当下之自然。⑧ 以此：此，指“道之动”，即道生物的过程。因恍忽不明的过程，而知道生万物，也就是三十九章“昔之得一者”的“得一”。

【导读】

大德只遵从道而运行。道生物的过程恍忽不明。恍恍忽忽，其中却有实象的存在。混混不明，其中却有实物的存在。深远暗昧，是真实存在于其中的。道生物过程中的情状真实，生生不已。自今及古，不离其德，以顺当下的自然。我如何认识当下的自然呢？靠着道生万物恍忽不明的过程，我可以知道何为当下的自然。

“自今及古”，通行本及注作“自古及今”，范应元曰：“自今及古，严遵、王弼同古本。”是今通行本正文及王弼注并为后人所改。

第二十二章

“曲则全①，枉则正②，洼则盈③，敝则新④。少则德⑤，多则惑⑥。”

是以圣人执一，以为天下牧⑦。

不自是故彰⑧，不自见故明⑨，不自伐故有功⑩，不自矜故能长⑪。

夫唯不争，故莫能与之争⑫。

古之所谓“曲则全”者，岂语哉⑬！诚全归之⑭。

【注释】

① 曲则全：委屈所以得全（大白如辱）。② 枉则正：受屈所以得正（建德如偷）。③ 洼则盈：居洼所以得盈（尚德如谷）。④ 敝则新：处弊所以得

新(进道如退)。⑤ 少则德:少求外得所以积德、有德。⑥ 多则惑:多求外得所以心乱行妨。以上六句皆为老子引古人语。⑦ 是以圣人执一,以为天下牧:执一,即抱一,顺道而行。牧,牧民。圣人顺道而行所以得治天下。⑧ 不自是故彰:不自以为是,所以反能彰才。⑨ 不自见故明:不自求表现,所以反能清明。⑩ 不自伐故有功:不自夸功劳,所以反见功劳。⑪ 不自矜故能长:不自大其能,所以反能为器长。⑫ 夫唯不争,故莫能与之争:谦下不争,所以反而无可与之争。⑬ 岂语哉:岂,难道,哪里。语,说。哪里只是说说而已!⑭ 诚全归之:诚,真。归,可行。真的全部可行。

【导读】

“委屈才能得以保全,受屈所以得正(或译为:行为上的弯曲才能得定)。居于低下所以满盈,破败所以得新。少求外得,所以有德;多求外得,所以心乱”。圣人顺道而行,因此能统治天下。不自以为是,因此被肯定。不自我彰显,因此守清明。不自夸,因此有功劳。不自大,因此为官长。谦下不争,所以无人可与之争。古人说“曲则全”云云,哪里只是说说而已!都是全心服从、尽力实行的啊!

“矜”字古作“矝”,《隶释》载汉石经《论语·子张》“哀矝而勿喜”,《老子》“果而弗‘矝’”,郭店本作“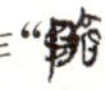”,右偏旁“命”与令是迭韵同源字,可隶定为“矝”。帛书甲本作“”,帛书乙本作“”,多从“令”。敦煌本“果而弗矝”字亦作矝(S. 2267 作““,S. 6453 作“腈”),矝应当更正为“矝”。

“曲则全,枉则直,洼则盈,敝则新,少则德,多则惑。”

“是以圣人执一,以为天下牧”,王弼本“牧”作“式”,“一”即“式”也,不当重言“式”。

帛书本作“岂语哉”,即谓岂语之而已哉,诚全可行之者也。通行本作“岂虚言哉”,义自可通,然当据甲本、乙本作“岂语哉”。

第二十三章

希言、自然①。

飘风不终朝②，暴雨不终日③，孰为此④？

天地而不能久，又况于人乎⑤！

故从事而德者同于德⑥；失者同于失⑦。

同于德者，道亦得之⑧；同于失者，道亦失之⑨。

【注释】

① 希言、自然：希，少。言，政令。希言，即十七章的“贵言”，指不轻施政令。为政者当少施政令，不以政令为教，顺其自然。② 飘风不终朝：疾风骤起骤止，不会整朝吹掠。③ 暴雨不终日：疾雨骤起骤止，不会整天落降。飘风、暴雨二者都不能长久，在此是比喻政令施行的不能长久。④ 孰为此：孰，何。此，指政令。政令如同疾风疾雨骤起骤止，无法长久。⑤ 天地而不能久，又况于人乎：而，且也。人，指人为的政令。天地都不能长久，何况是人为的政令呢？⑤ 从事而德者同于德：依循自然而有德的人，能够同于民德。⑦ 失者同于失：不能依循自然而失其德的人，不能同于民德。⑧ 同于德者，道亦得之：有德的人，依循自然，所以同于民德，而能得道而治民。⑨ 同于失者，道亦失之：失德的人，政令为教，所以不同于民德，亦偏离于正道。

【导读】

少用政令，顺自然。疾风骤起骤止，不会整朝吹掠。疾雨骤起骤止，不会整天落降。为何要用政令呢？连天地都不能长久了，何况是人为的政令呢！效法顺从德的尚德者，能够同于民德。失德而求仁、义、礼的，不能同于民德。能够同于民德的，自然合乎道。不能同于民德的，偏离了道。

通行本作“骤雨”亦“疾雨”也。本节主语为“言”（政令），以风雨为比，故“孰为此”之“此”指主语，是指政令。“孰”，谁，训作“何”，言何为此，言政令何为也，当随上读。通行本亦随上读，而衍“天地”二字，因误“此”乃指“天地”，故妄补“天地”也。

“故从事而道者同于道，德者同于德，失者同于失。同于德者，道亦德之，同于失者，道亦失之”。帛书本如此，疑“道者同于道”为衍文。下云“同于德者，道亦得之；同于失者，道亦失之”，既言同于德者，道亦得之，是因“德”而得“道”，故不当再言“道者同于道”。下句只分“道者”与“失者”两类，上推亦只能有“德者”、“失者”两类也，且“道者同于道”与“德者同于德”，语义略同，疑老子所云者为：“故从事而德者同于德，失者同于失。同于德者道亦得之；同于失者，道亦失之。”后人因“德、道”而加一句，遂成歧解。

通行本讹误，乃后人所加，范应元本与帛书本同，唯末附“信不足，有不信”六字，与今王本大异，故知今通行本误者为宋以后者所妄加。

第二十四章

企者不立①。

自是者不彰②，自见者不明③，自伐者无功④，自矜者不长⑤。

其在道也，曰：“余食赘形⑥。”物或恶之⑦，故有道者不居⑧。

【注 释】

① 企者不立：企，跂，举踵。踮着脚尖站立是无法久站的。“自是”、“自见”、“自伐”、“自矜”，是不能长久的。② 自是者不彰：自以为是的人，反而不能彰才。③ 自见者不明：自求表现的人，反而不能清明。④ 自伐者无功：自夸功劳的人，反而不能有功。⑤ 自矜者不长：自大其能的人，反而不能为长。⑥ 其在道也，曰：“余食赘形”：余食，即指剩饭。赘形，形有疣赘。就“道”而言，自满自骄的行为，就像剩饭赘疣一般。⑦ 物或恶之：物，指“余食赘形”。剩饭赘疣都是人们所厌恶的。⑧ 故有道者不居：居，指居处于自满自骄。所以有道的人是“不自是”、“不自见”、“不自伐”、“不自矜”而不自满自骄的。

【导读】

踮着脚尖站立是无法久站的。自以为是便不受肯定，求表现的人不能清明，自夸功劳便没有功劳，自大的人不能为官长。夸赞自己之于“道”，就像剩饭赘疣。有人对剩饭赘疣是很反感的，所以有道者不自是、自见、自伐、自矜。

通行本衍“跨者不行”，又“自见”句误移在“自是”句上，当据帛书甲本、乙本改。“处”，郭店竹简三编皆作“居”，甲本、乙本作“居”，通行本“处”当改作“居”。

第二十五章

有状混成，先天地生①，

寂乎！漠乎！独立而不亥②，可以为天地母③。

未知其名，字之曰道④，吾强为之名曰大⑤。

大曰逝⑥，逝曰远⑦，远曰返⑧。

道大、天大、地大、王亦大⑨，国中有四大，王居一焉⑩。

人法地⑪，地法天⑫，天法道⑬，道法自然⑭。

【注释】

① 有状混成，先天地生：混成，即“忽恍”，混混不明之状。有个恍恍忽忽、混混不明的状态，在天地形成之前便已生成存在。指“道”而言。② 寂乎！漠乎！独立而不亥：寂，无声。漠，无形。独立，“道”无形体，所以无物可匹。不亥，不垓，无始无终，无可范围。“道”无声也无形，无物可匹，生生不息而不可范围。③ 可以为天地母：母，根源。“道”可以作为天地的根源。④ 未知其名，字之曰道：“道”无形无名，只能勉强称它叫作“道”。⑤ 吾强为之名曰大：又因为“道”而强加取名，叫做“大”。⑥ 大曰逝：“大”，有范围，不足以释义，故去其范围，以“逝”字之。⑦ 逝曰远：“逝”，则无形无踪，不足以释义，为其实存，以“远”字之。⑧ 远曰返：“远”，则穷极一所，不足以释义，为其周遍，以“返”字之。是“大”、“逝”、

"远"、"返"皆不足用以名"道"，故曰"强谓之名"。⑨ 道大、天大、地大、王亦大："道"无所不归所以"道大"；道中者，唯天为大所以"天大"；天之下唯地为大所以"地大"；地上则人为长，而王为人君，人君者，尚德则勉强称之为大，所以"王亦大"。⑩ 国中有四大，王居一焉：国，城。王之所居，为邦之主。王城中有道育之，有天覆之，有地载之，王只是其中之一而已。⑪ 人法地：人当尽地利、天时、遵道，是顺自然。⑫ 地法天：地则尽天时，守一以承其用，所以地宁，是顺自然。⑬ 天法道：天则守一，所以清，是尽自然。⑭ 道法自然：道尽自然。

【导读】

有个恍忽不明的状态，在天地形成之前便已生成存在。无声！无形！无物可匹、无可范围、无始无终，可以作为天地的根源。不知它的名，称它为"道"。我勉强取名，称"道"为"大"。大则去其范围，去其范围则无所不达，无所不达则无所不归。"道"无所不归，所以说"道大"；道之中，天最大，所以说"天大"；天之下，地最大，所以说"地大"；大地上，人为长。王是人君，人君尚德则勉强可称为大，所以说"王亦大"。城中有四大，王是其中之一。人尽地利，地尽天时，天尽道之自然，道尽自然。

"道大、天大、地大、王亦大"有异文，《淮南子·道应》引《老子》"道大"在"天大、地大"之后，次序与郭店简本同。魏源《老子本义》据《淮南》校订《老子》，认为"道大"在"天大、地大"之下。"人法地，地法天，天法道，道法自然"是"人"、"地"、"天"、"道"的次序，依此次序前文应为"道大，天大，地大，王亦大"，帛书甲、乙本与通行本"道大"在"天大"之前，郭店简本和《淮南》引文的次序有误。

甲编"又脜混成"中的"脜"，当作"状"，此言"无状之状，无物之象"之"忽恍"，先天地生也。"有状混成"，然后"字之曰道"，文从字顺，"有道混成"又曰"未知其名"，"字之曰道"则扞格不顺矣，当从甲编作"有状混成"。

"敓穆"："敓"，"夺"之本字，是抄讹。"缪"即"穆"，"穆"通"缪"。《庄子·天下篇》"寂漠无形"，即本章"缪"字，是简文当释作"漠"，而甲本作"缪"，皆当读作"漠"。乙本作"漻"，本同于"缪"，后人以音训而通"寥"，故"漻"读作"寥"者，非也，而高明释作"寥"，误同通行本，然范应元所见《王弼注本》作“漠”，可知《老子》原文及王弼注本皆作“漠”。“寂漠”，常语，上字当是“寂”字之讹，则甲本、乙本并当作“寂”、“漠”。加语气词作“寂乎，漠乎”。

“寂寞”，常语也。“寞”，或作“漠”，《楚辞·九辩》：“蝉寂漠而无声。”洪兴祖《补注》曰：“寂漠，一作寂寞。”刘师培《考异》曰：“《御览》二十五引‘漠’作‘寞’，《文选·张载七哀诗》注、《后汉书·杜密传》注，并引‘寂漠’作‘寂寞’。”是“寂寞”与“寂漠”无异也。本章简文作“缪”，从“纟”、“穆”声，当读为“寞”或“漠”也。而帛书甲本作“缪”，亦当释作“寞”或“漠”，范应元所见王弼本犹作“寞”，今乃据通行本讹文作“寥”，非也。《荀子·哀公》“缪缪肫肫”，王先谦引郝懿行曰：“《大戴礼记》作穆穆纯纯。”《史记·鲁世家》“大公、召公乃缪卜”，《集解》引徐广曰：“古书‘穆’字多作‘缪’。”《史记》之“缪卜”即《尚书》之“穆卜”。《荀子·王制》“昭缪”，《礼记·祭统》作“昭穆”；而“秦缪公”当读“秦穆公”，帛书乙本作“漻”，是“纟”、“水”形近之讹也。而各家误信帛书释文，又误通行本为王弼本，皆误释作“寥”也。简文“敚”字虽不可知，然据帛书本当为“寂”字。盖“寂寞”，常语也，《楚辞》中多有。帛书本加二语气词“呵”，而简本“呵”字多作“乎”，据此，当作“寂乎、寞乎”。《说文解字》：“寂，无人声也。”是言“道之动”，寂静而无声，是听之而不闻也，视之而不见也，抚之而不得也。

通行本衍“周行而不殆”，当据甲编删。

“天地母”，甲编“地”讹作“下”，王注及范应元所见本皆作“地”，今通行本作“下”者，后人所改。

甲编“王居一焉”之“焉”作“安”，“安”犹“焉”。

第二十六章

重为轻根①，静为躁君②，
是以君子终日行，不离其辎重③。
虽有还馆，燕居则昭若④。
若何万乘之王，而以身轻于天下⑤？

轻则失根⑥，躁则失君⑦。

【注释】

① 重为轻根：重，重车。轻，轻车。根，根本。重车是轻车的根本，即"辎重是兵车的根本"。"辎重"是军中运载器械粮食的车，作战以辎重为根本。② 静为躁君：躁，动。君，主。静为主而躁为从，也就是"主帅静而兵卒动"。主帅运筹于帷幄之中，而兵卒决胜负于千里之外。③ 是以君子终日行，不离其辎重：是以，因此。君子，指卿、大夫、士。因此君子所作所为，不离辎重，慎其谋略。④ 虽有还馆，燕居则昭若：还，返。馆，辕门。燕居，闲处。昭，明、清明的意思。虽时有返回辕门，然而闲处时，心中是清楚明白的。⑤ 若何万乘之王，而以身轻于天下：若何，如何。王，侯王。如何身为万乘之王，而因欲求外得而忘其身，轻易置其于死地？⑥ 轻则失根：轻易置身死地则亡邦。⑦ 躁则失君：动而失其静思则亡身。

【导读】

争战时，辎重车是兵车的根本，主帅静而兵卒动，因此君子带兵作战，不离辎重，慎谋略，重根本。虽然有离营返回辕门的时候，然而闲处时，心中是清楚明白的。为何身为万乘之王却将自身的德看得比天下还轻，身先士卒，争强称霸，以致于让自己入于死地呢？轻易置身死地则亡邦，动而失其静思则亡身。

虽有环官：有，《郭店楚简》作"又"。环，通"还"、返也。官为"馆"之初文，官舍也。就战争言，则指辕门。此言"虽又返居辕门，则燕居昭然也"。今通行本"昭"讹作"超"。"昭"，明也，言其"静"。"处"，《郭店楚简》作"居"，"燕居"即"燕处"，不异也。

"若何"犹"如何"，如何以"万乘之王，而以身轻于天下？"通行本"王"讹作"主"。大夫称"主"，本句所言者乃位在"君子"之上者，当指"侯王"，简称"王"。

"轻则失本，躁则失君"，喻"轻身则亡邦，躁动则亡身"，疑"本"当作"根"，"失根"为失其辎重，引申为亡邦，"失君"为失其静思，引申为亡身。"轻则失根"正与"重为轻根"相应也。

第二十七章

善行者无辙迹[①]，善言者无瑕谪[②]，善数者不以筹策[③]。
善闭者无关钥，而不可启也[④]；善结者无缠约，而不可解也[⑤]。
是以圣人恒善救人，而无弃人[⑥]。物无弃材，是谓袭明[⑦]。
故善人，善人之师[⑧]；不善人，善人之资也[⑨]。
不贵其师，不爱其资[⑩]，虽智乎，大迷[⑪]，是谓要妙[⑫]。

【注 释】

① 善行者无辙迹：善行者，善于驾车骑马者。辙，车迹，车轮辗地留下的痕迹。迹，马迹，马奔驰后留下的蹄印。善行者不行，所以不会在地面上留下车轮痕迹和马蹄印。这里是比喻人君治天下，尚德无为，所以无亲疏、利害的痕迹。② 善言者无瑕谪：言，政令。尚德无为，不以政令，所以不会有瑕疵罪过。瑕，疵。谪，罪过。③ 善数者不以筹策：善数者，善于算计者。筹策，古时候计数的竹筵。善于算计者，尚德无为，顺应自然所以不用算计。④ 善闭者无关钥，而不可启也：善闭者，善于关闭者。关钥，门闩。善于关闭者，不用门闩栓门，而无所开启。尚德者，顺应自然，所以无所闭。⑤ 善结者无缠约，而不可解也：善结者，善于结绳者。缠约，绳束。善于结绳者，不用绳束作结，而无所解开。尚德者，顺应自然，所以无所结。⑥ 是以圣人恒善救人：是以，因此。救，依循自然而尽人之才。圣人善于依循自然而尽人之才。⑦ 而无弃人，物无弃材，是谓袭明：见小曰明。圣人德厚，所以无弃人、无弃物，善者善之，不善者亦善之，现象非真，所以"人"、"物"皆自然而生，不可"绝"、"弃"，以"慈"待之，这就叫做"袭明"。⑧ 故善人，善人之师：所以善人可以为善人所效法。⑨ 不善人，善人之资也：资，借资。不善的人可以作为善人的借镜。此即"得善"。⑩ 不贵其师，不爱其资：贵，尊重。不知效法善人，不知借镜不善人的可贵。⑪ 虽智乎，大迷：虽，唯。唯以智巧自为，事实上不明事理，是大迷惑。⑫ 是谓要妙：这就叫做精要细微的道理。

【导读】

懂得“行”的人不“行”，所以没有车痕蹄印，懂得政令（言为政令）的人不“言”，所以没有瑕疵罪过，会算计便不用算计；尚德顺自然而为。善于关闭的人，不使用门闩，根本无须开启；善于结绳的人，不使用绳子，根本无须开解。所以说，圣人总是善于救治人才，因此没有被圣人弃绝的人。也没有被圣人抛弃的资材，这就是顺着道之动而能看见细微的地方。所以善人可以让善人效法，不善的人可以作为善人的借镜。不珍惜效法善人和以不善人为借镜的机会，虽以智巧，妄自专断，不明事理，是大迷惑。以上所述乃是精要细微的道理。

“善数者，无筹策”，范应元曰：“王弼、严遵同古本”，与今通行不同，且范本“善数者”等五句并有“者”字，后“善人、不善人”下并无“者”字，今通行本反之，而与河上公本同，是注文与正文不相应。

第二十八章

知其雄，守其雌，为天下溪①，
恒德不离，复归于婴儿②。
知其白，守其辱，为天下谷③，
恒德乃足，复归于朴④。
朴散则为器⑤，圣人用则为官长⑥，夫大制无割⑦。

【注释】

① 知其雄，守其雌，为天下溪：雄，动。雌，静。知天道之动，守天道之静，如溪水居下，尚善如水。② 恒德不离，复归于婴儿：经常怀德而不离德，则能返回婴儿时的厚德。③ 知其白，守其辱，为天下谷：白，清静。辱，黑。知道应当清静不争，所以承受黑垢，如谷水居于下，尚德如谷。④ 恒德乃足，复归于朴：经常怀德于是丰足，如此便能返回浑沌素朴的状态。⑤ 朴散则为器：真朴状态分散开来，则成各类，各具特性。⑥ 圣人用则为官长：圣人依循特性，所以为之立官长。⑦ 夫大制无割：大制，完善

之政。无割，不会割裂。尚德无为，不以政令为教，则百官皆自然。

【导读】

知道天道之动，守着天道之静，如溪水一样居下而利物，恒常怀德而不离德，就可以返回婴儿时的厚德。知道应当清白，所以承受黑垢，如谷水一样居下而利人，经常怀德而满足，就可以返回素朴的状态。素朴的状态若散开来就有了特性。圣人按照各人的特性来设立官长，但是最完善的政治是毫无分割的。

“朴散则为器，圣人用则为官长，夫大制无割。”王弼注：“朴，真也。真散则百行出，殊类生，若器也。圣人因其分散，故为之立官长。以善为师，不善为资，移风易俗，复归于一也。大制者，以天下之心为心。故无割也。”据王注及范应元注，王本作“无割”。今通行本作“不割”，后人所改。

第二十九章

将欲取天下而为之①，吾见其弗得矣②。
夫天下，神器也③，
非可为者也，非可执者也④；
为之者败之，执之者失之⑤。
物或行或随⑥，或嘘或吹⑦，
或强或羸⑧，或培或堕⑨。
是以圣人去甚，去泰，去奢⑩。

【注释】

① 将欲取天下而为之：取，趣，趋的意思。为之，以“仁”、“义”、“礼”意动而为。用“仁”、“义”、“礼”来治理天下。② 吾见其弗得矣：我认为他不能治好天下。由于“仁”、“义”、“礼”是求取外得的表现，丧失内德，因此不能使天下治。③ 夫天下，神器也：天下，社稷。神器，宝鼎、玉玺，借指政权。④ 非可为也，非可执也：社稷政权，不是用“仁”、“义”、“礼”可以执

持的。⑤ 为之者败之，执之者失之：意动而为想借此获得政权的，局限于亲疏、利害、贵贱，而遭受失败，丧失政权。⑥ 物或行或随：物，物象。行，先行。随，后随。事物有的先行，必有后随。⑦ 或嘘或吹：出气缓和叫做“嘘”，出气急促叫做“吹”。有气缓必有气急。⑧ 或强或羸：羸，弱。有刚强必有羸弱。⑨ 或培或堕：培，高上。堕，低下。有在上必有在下。⑩ 是以圣人去甚、去泰、去奢：是以，因此。去，离开。甚，极端，亲疏之分，标举“仁”；泰，过度，利害之分，标举“义”；奢，贵贱之分，法物之供养，标举“礼”。因此圣人去“仁”、去“义”、挫“礼”，合于“德”而依顺自然。

【导读】

将要往天下来行仁、行义、行礼的人，我认为他不能治好天下。所谓的天下，乃是社稷，如同宝鼎、玉玺，也就是政权。政权是不能有所作为地行仁、行义、行礼的，政权是不能够一直把持着的。有所作为终致败坏，执守把持的终致失去。事物有的先行，就有后随，有气缓就有气急，有刚强就有羸弱，有在上就有在下。因此圣人不极端、不过度、不奢华。

第三十章

以道佐人主者[①]，不欲以兵强于天下[②]。

善者，果而已，不以取强[③]。

果而不伐[④]，果而不骄[⑤]，果而不矜[⑥]，果而不得已居，是谓果而不强。

其事好长[⑦]。

【注释】

① 以道佐人主者：佐，辅助。人主，大夫。用“道”来辅助大夫的人，指士，微弱玄达之“士”。② 不欲以兵强于天下：不以兵力夸于天下。③ 善者，果而已，不以取强：善者，善用兵者。果，救济。善用兵者，只是不得已时用兵救济邦，不是借此成为邦主的。④ 果而不伐：用兵救济邦，不以此而自夸其功。⑤ 果而不骄：用兵救济邦，不以此而自傲其贤。

⑥ 果而不矜：用兵救济邦，不以此而自大其才。⑦ 其事好长：不战、不骄、不矜、不得已而居之为上，所以能长治久安。

【导读】

用“道”来辅助大夫的人，不愿以武力强取天下。善于如此的人只求救济平乱，他不借此使自己变得更强大。求得救济平乱的成果而不自夸，求得救济平乱的成果而不自傲，求得救济平乱的成果而不自大，求得成果受拥戴而不得已留了下来，这就是求得成果平定乱世而不强取。这样的行为是又美好又长久的。

春秋时大夫称“主”，所以此处人主指大夫。《周礼·天官·大宰》：“以九两系邦国之民：一曰牧，以地得民……六曰主，以利得民。”郑玄注引郑司农曰：“主谓公卿大夫。”《国语·晋语二》：“主孟啖我。”韦昭注：“大夫之妻称主，从夫称也。”《国语·晋语八》：“三世事家，君之；再世以下，主之。”韦昭注：“大夫称主。”“佐人主者”指的是辅佐大夫的人，也就是“士”。

帛书甲本“师之所居，楚荆生之”八字，乙本“楚”作“荆”，此为释“兵强于天下”之文字，而衍入正文。《汉书·严助传》淮南王安上书云：“臣闻军旅之后，必有凶年。”又云：“此《老子》所谓‘师之所处，荆棘生之’者也。”由此可知汉初刘安所见《老子》犹未衍“大军之后，必有凶年”八字。而河上公本取此八字入正文，后人又据河上公本改王本，加之于正文，故范应元所见王本已有此八字。

“果而不伐，果而不骄，果而不矜，果而不得已居，是谓果而不强，其事好长。”郭店简文甲编夺“果而勿得已居”句，据帛书本补；通行本脱“居”字。又“长”字，王弼注本以事讹作“还”，帛书本残，整理小组误补作“还”。甲编抄漏，当据帛书本补。甲编凡“弗”皆作“不”，“毋”则作“勿”释，今甲本、乙本本章作“勿”者，当作“不也”。

“物壮则老，是谓不道，不道早已”，与本章不同，当是五十五章文，重见于此，当是衍文。

第三十一章

夫兵者，不祥之器也①。物或恶之，故有道者不居②。

君子居则贵左，用兵则贵右③。故曰兵者不祥之器也④。

不得已而用之，铦纕为尚，弗美也⑤；美之，是乐杀人⑥。

夫乐杀，不可以得志于天下⑦。

故吉事尚左，丧事尚右⑧，

是以偏将军居左，上将军居右⑨，言以丧礼居之也⑩。

故杀人众，则以哀悲莅之⑪；战胜，则以丧礼居之⑫。

【注释】

① 夫兵者，不祥之器也：兵，兵器，用以杀人，所以不祥。兵器是不祥的器械。② 物或恶之，故有道者不居：物，指兵器或争战。兵器或争战是不祥的，人人厌恶它，所以有道的人非不得已，不动兵戎。③ 君子居则贵左，用兵则贵右：楚人尚左，所以君子居则贵左，养其生也，用兵以奇，所以相反而贵右，理其死也。④ 故曰兵者不祥之器也：君子贵左，所以说兵器是不祥的器械。⑤ 不得已而用之，铦纕为尚，弗美也：之，指兵器。铦：箭铦，借指武器。纕，囊，此谓收束箭铦于纕囊中为上。不得已必须用兵时，为政者亦当以收束兵器为上，得胜时也不值得赞美。⑥ 美之，是乐杀人：对于得胜赞美，是乐于杀人的表现。⑦ 夫乐杀，不可以得志于天下：乐于杀人，枉顾人民失其畜养，是不可以得意于天下的。⑧ 故吉事尚左，丧事尚右：所以吉庆的事以左为尚，凶丧的事以右为尚。⑨ 是以偏将军居左，上将军居右：是以，因此。战时，偏将军听命于人，反而为吉，所以居左；上将军冲锋陷阵，反而为凶，所以居右。⑩ 言以丧礼居之也：这是说用兵必有伤亡，所以用丧礼的仪式处理。⑪ 故杀人众，则以哀悲莅之：莅，临。所以杀人众多，则会使民失其子女、丧其父母，以悲哀的心情面对。⑫ 战胜，则以丧礼居之：战争得胜以奇用兵，理其死而已，不可赞颂，故用丧礼处理，以示哀悼。

【导读】

所谓的兵，是不祥的器械。此物人或厌恶它，所以有道的人非不得已不用。君子日常居处以左为贵，用兵则以右为贵。所以说兵器是不祥的器械。不得已要用兵，亦当以收束兵器为上，不崇尚用兵，止戈为武。以用兵争战为美，是以杀戮为乐。乐于杀人，是不可以得意于天下的。所以吉庆的事以左为尚，凶丧的事以右为尚。因此偏将军居左，上将军居右。这是说用兵必有伤亡，所以用丧礼的仪式处理。所以杀人众多，以悲哀的心情面对。战争得胜用丧礼处理，以示哀悼。

在不得已的情况下用兵时，仍然盼望有朝一日可以“有甲兵无所陈之”（《老子》第八十章），虽然正使用着武器，却以收起武器为上，而不对武力怀有太多的好感，不以用兵为美。

“夫兵者，不祥之器也，物或恶之，故有道者不居”，丙编无，此为帛书本补入者。

“君子居则贵左，用兵则贵右。故兵者不祥之器也。不得已而用之”，丙编“兵者”下缺六字，据帛书甲本补“不祥之器也，不”六字。而甲本衍“非君子之器也”六字，乙本、通行本并衍此六字。

“不得已而用之，铦縟为尚，弗美之；美之，是乐杀人。夫乐杀，不可以得志于天下。”丙篇“夫乐”下缺三字，据帛书甲本补“杀，不可”三字，则甲本衍“人”字。乙本、通行本同甲本，并衍“人”字。

第三十二章

道恒无名、朴①。

虽微，天地不敢臣②，

侯王如能守之，〔而〕万物，将自宾③。

天地相合也，以雨甘露④；

民莫之令，而自均焉⑤。

始制有名⑥。名亦既有，夫亦将知止⑦，知止所以不殆⑧。

譬道之在天下也，犹小谷之与江海也⑨。

【注释】

① 道恒无名、朴："道"无法以相对的名来指称。朴，素朴，道恒素朴。② 虽微，天地不敢臣：微，十四章"视之而弗见，名之曰微"，借指"微"、"希"、"夷"。三者合一即指"一"，道之动。"道之动"虽视而不得见之，天地都顺从它。③ 侯王如能守之，而万物，将自宾：之，即"一"，指"道之动"。而，如。宾，宾从。侯王如果能够顺应道之动行事，如万物的自然，民自然宾从于道而素朴。④ 天地相合也，以雨甘露：天地相合，是指天地之气相合。雨，降。甘露：时雨。天地之气相合，自然会降甘露。⑤ 民莫之令，而自均焉：人民不需命令，自然均分而无怨。⑥ 始制有名：始制，指浑沌散去，成器长、定尊卑、立名分。⑦ 名亦既有，夫亦将知止：既已立名分、定尊卑，侯王当知尚德知足。⑧ 知止所以不殆：知足，所以终身不会危殆。⑨ 譬道之在天下也，犹小谷之与江海也：譬，喻。小谷，此喻"道"。江海，此喻"天下"。比喻道泽德于天下，就像谷水之注入江海。

【导读】

道恒无名、质朴真实。道虽微，天地不敢以道为臣。侯王若能守道，如同万物守道，民众将自动宾从。天地之气相合而降下甘霖。侯王不用对民众发号施令，民众就自然能均平。制定了官长，就开始立名分。既立名分，侯王当守一保朴，而百官将知止。知止乃是不疲乏的原因。若要说道是怎样待天下的，就像小谷水注入江海，源源不绝。

道与天下就像小谷水与江海，虽然本章和《老子》第六十六章同样都是取譬于江海与谷水的关系，此处却不是强调水善下的特质，而是取譬于小谷水源源不绝地为江海付出的意象。

"道恒无名朴虽微天地不敢臣"常断为"道恒无名。朴虽微，天地不敢臣"，将"朴"与"虽微"视为同一句话，"朴"字是"它的原状、本质"，白话语译是：虽然它的原状看起来不重要。

知止很重要，《老子》第二十九章"圣人去甚，去泰，去奢"，"去甚"、"去泰"、"去奢"都有不要过度、要知止的意思。《老子》第三十九章"侯王不已贵以高将恐蹶"，侯王无止尽地求贵而高恐将蹶倒，蹶倒是不知止的后果。第四十四章"甚爱必大悖，厚藏必多亡。故知足不辱，知止不殆，可以长久”，在合于道的情况下，尊者卑者都会知止。这样的情况就是“名亦既有，夫亦将知止”——既立名分，定尊卑，在顺道的情况下，尊者、卑者都会知止。知止的表现就是天下乐进的人，以己身为后。大邦为了兼畜人，自卑为下。尊者不自贵，合宜地对待卑者，卑者不受辱，能够得到尊重，这种顺道的行为是在有了名、分了尊卑之后才会发生的，在尚未有名以前没有尊卑的问题，所以不会发生这样的事。

在最后一句“譬道之在天下也，犹小谷之与江海也”这个譬喻句中，道是本体，小谷是喻体；天下是本体，江海是喻体；道与天下的关系是本体，小谷与江海的关系是喻体。最后一句说的是道与天下的关系就像小谷与江海的关系，道就像小谷水，而天下就像江海，如果要谈的是道的本体与分殊，那么这里说的就是道的本体与道的分殊的关系像江海与小谷的关系，“分殊的道”的喻体乃是“江海”，“道的本体”的喻体乃是“小谷”，这样一来，回头看《老子》第三十二章开头“道恒无名，朴虽微，天地不敢臣”，“分殊的道”是无名的，就像朴（未雕之木）虽然微小，天地不敢以“分殊的道”为臣。在开头说“分殊的道”微小，在末句却用江海当“分殊的道”的喻体，而用小谷当“道的本体”的喻体。以道的分殊来解释第三十二章，会有前后矛盾的问题。因此，本章开头断句应该要断成“道恒无名、朴。虽微，天地不敢臣”，道是主语，这句话是说道恒无名、质朴真实，道虽微，天地不敢以道为臣。

《老子》第三十七章与本章章句相似，作“道恒无名也，侯王如能守之，而万物，将自化”。“万物将自宾”当据《老子》第三十七章补“而”字作“而万物”。“而”字的意思是“如同”。不补上“而”字的话，前一句讲的是侯王守道，这一句接着讲万物宾从，就会有侯王的作为可以使万物宾从的意思，《老子》第二十五章：“国中有四大，王居一焉。人法地，地法天，天法道，道法自然”，“法”的意思是“全尽”。侯王要全尽“地的自然”，万物却不会因此宾从侯王，因为侯王只是四大中最微小的。那么，宾从侯王的是谁呢？就像《老子》五十七章所说的“我无事而民自富，我无为而民自化，我好静而民自正，我欲不欲而民自朴”，侯王若守道，民就会宾从。所以《老子》第三十二章说，“道恒无名……侯王如能守之，〔而〕万物，将自宾”，侯王如能守道，如同万物守道，民众自然就会宾从侯王。

王弼注:“言天地相合,则甘露不求而自降;我守其真性无为,则民不令而自均也。”自均的主词不是“甘露”而是“民”,“莫之命即莫命之,古汉语否定句中代词作宾语,宾语放于动词前面”。(聂中庆:《郭店楚简〈老子〉研究》,北京:中华书局 2004 年版,页 213),《老子》第五十一章“道之尊、德之贵,夫莫之爵也,而恒自然也”(通行本作“莫之命”,《道藏集注》“《明皇》、《王弼》二本‘命’并作‘爵’”,《范应元本》作“莫之爵”与帛书乙本同),“莫之爵”与本章的“莫之令”句式相同,“莫之令”即“莫令之”,“莫之爵”即“莫爵之”,“莫爵之”的“之”字是“道之尊、德之贵”的代词,“莫令之”的“之”字是“民”的代词。“天地相合也,以雨甘露;民莫之命而自均焉”是说天气、地气相合,就会降雨。侯王服从道,治邦不以政令,民自己就会均平,与第五十七章侯王无事无为而民自福、自化意思相近。

“道恒无名、朴。虽微,天地不敢臣,侯王如能守之,而万物,将自宾。”“微”,第十四章“视之而弗见,名之曰微”,甲本、乙本、王本作“小”,当从甲编作“微”,此谓“道”虽视之而不见,听之而不闻,抚之而不得,然实生天地,故曰“天地不敢臣”。第三十七章甲编“侯王〔如〕能守之,而万物,将自化”,与此同例。而,“如”也,侯王守道如万物之顺自然,则民自宾服也。本章各本并夺“而”字,当据第三十七章甲编补例。

“始制有名。名亦既有,夫亦将知止,知止所以不殆。”“所以不殆”范应元本及王注同此,今通行本作“可以不殆”者,是后人妄改。

“譬道之在天下也,犹小谷之与江海也。”王本“小”讹作“川”,王弼注:“川谷之与江海,非江海召之,不召不求而自归者也。行道于天下者,不令而自均,不求而自得,故曰:‘犹川谷之与江海也。’”疑王注“川”乃后人所改,或形近之讹。老子以得“德”喻“谷”,故引《建言》曰“尚德如谷”。又曰:“谷神不死。”道之德泽犹谷水之延伸不绝。而圣人之治天下犹江海之居下,所谓受邦之垢,受邦之不祥也,故第六十六章曰:“江海所以能为百谷王,以其善下之,故能百谷王。”犹言“圣人所以能为天下王,以其能下之,故能为天下王”。是圣人因“德”而为天下王,江海因“谷”而为百谷王。然则此云“道之在天下也,由小谷之在江海也”,是以“小谷”喻道,而以“江海”喻“天下”也。

第三十三章

知人者智也[1]，自知者明也[3]；
胜人者有力也[3]，自胜者强也[4]。
知足者富也[5]，强行者有志也[6]。
不失其所者久也[7]，
死而不亡者寿也[8]。

【注释】

① 知人者智也：从认识他人而知者，是运用外在的智巧。② 自知者明也：从认识自己而知者，是守住内在的清明。③ 胜人者有力也：从克服他人而得胜者，是运用外在的武力而得一时。④ 自胜者强也：从克制自己而得胜者，是守住内在的生机而得长久。⑤ 知足者富也：富，福。知足者，不因求取外得而失其内德，因此而福富。⑥ 强行者有志也：强行而为者，是意动而为，即受“仁”、“义”之规范而偏私作为。志，识、意，即第三十八章“前识者”。⑦ 不失其所者久也：遵循自然运行而为，不求外得，便不失其德，因此能够长久。⑧ 死而不亡者寿也：亡，亡身之德。终身不受外得牵引，全德的人，才能长久。

【导读】

认识他人而知，运用了智巧。认识自己而知，守住了清明。克服他人而胜是用了力而得一时的。克服自己而胜是真正有力而能长久的。知足的人是有福的，强行而为便有偏私。不失德的人，才能够长久。直至身死之日都不亡德的人，才算长寿。

第三十四章

道泛乎！

其可左右也①，成事遂功而不名有也②，万物归焉而不为主③。

则恒无欲也，可名于小，可名于大④。

是以圣人之能成大也⑤，以其不为大也，故能成大⑥。

【注释】

① 道泛乎！其可左右也：道广大而无所不包、无所不达，可左可右。② 成事遂功而不名有也：道成就了事迹、完成了功劳，却不以为己有。③ 万物归焉而不为主：道生成万物，却不以为主宰。④ 则恒无欲也，可名于小，可名于大：无欲者体道，见小知常，归根于静，因此可以从“小”体道；道广大而无所不包、无所不达，因此可以从“大”体道。⑤ 是以圣人之能成大也：是以，因此。因此圣人能够成大。⑥ 以其不为大也，故能成大：以，因为。圣人之所以能成大，是因为他不自以为大，所以能成大。即六十三章：“是以圣人终不为大，故能成其大。”

【导读】

道是广大的啊！无所不包，可左可右。道成就了事功，却不把事功当作自己的。道生成了万物，却不把自己当作万物的主宰。所以恒常无欲，就可从小处体道，也可以从大处体道。因此圣人之所以能成大，是因为他不自以为大，所以能成大。

“道泛乎，其可左右也。成事遂功而不名有也。”通行本衍“大”字，“成事遂功”，第十七章丙编如此，成事而后功遂也，当据丙编。帛书甲本、乙本作“成功遂事”义略同，通行本则错乱移倒，仅“功成”二字，乃后人所改。

“万物归焉而弗为主，则恒无欲也，可名于小，可名于大。”本段不应重“万物归焉而弗为主”，无欲者体道，道大无所不包，无所不行，无所不达，故可名于大。见小知常，归根于静，则无所不在，恒无欲也，以观其妙，是言其小也，故不当重。

“是以圣人之能成大也，以其不为大也，故能成其大。”此老子“正言若反”之说也。第六十三章“是以圣人终不为大，故能成其大”与本章同，而简洁过之。本章言“道”，可名为“大”，又可名为“小”，无褒贬义，与“是以圣人因小而成其大”言人事者不类，疑其亦非原文，可能是衍义。

第三十五章

执大象，天下往①，
往而不害，安平大②。
乐与饵，过客止③。
故道之出言，淡乎其无味也④；
视之不足见⑤，听之不足闻⑥，而不可既也⑦。

【注释】

① 执大象，天下往：执大象，顺大道，尚德、法自然也。往，归附。为政者依循自然而为，则天下自然归附之。② 往而不害，安平大：害，阻碍。安，于是。大，泰。顺自然而无阻碍，于是天下自然平和安泰。③ 乐与饵，过客止：乐，音乐。饵，美食。音乐与美食，能够让过路的人停下来听得和享用，喻外得的刺激，为政者的美言。这里是相对于“道”的淡然无味而言。④ 故道之出言，淡乎其无味也：言，“焉”，语尾助词。“道之出焉”即“道之动焉”，淡漠不可知。因此道之动是平实、淡而无味的，不像音乐和美食那般吸引外在感官注意。⑤ 视之不足见：足，可。道之动，视之而不可见。⑥ 听之不足闻：道之动，听之而不可闻。⑦ 而不可既也：既，已、尽。道之动，不可见、不可闻，源源不绝，而用之不尽。

【导读】

把握重点——尚德，并且效法道的自然，天下自然归往。归往而无阻碍，平和安泰。悦音与美食，让路人停下来。所以从道而出的是平实、淡而无味的。看也看不见，听也听不到，而用之不尽。

尚礼为之而莫之应也[7]，则攘臂而扔之[8]。

故失道而后德，失德而后仁，失仁而后义，失义而后礼。

夫礼者，忠信之薄[9]也而乱之首[10]也；

前识者[11]，道之华[12]也而愚[13]之首也。

是以大丈夫居其厚而不居其薄[14]；

居其实而不居其华[15]。故去彼取此[16]。

【注释】

① 尚德不得："尚"帛书本作"上"，"得"作"德"，"上"、"尚"双声迭韵，通假。崇尚、重视之意。"德"、"得"同音，通假。不得，即不求外得，不为外在的"名"、"货"牵引。名指"仁"、"义"，货指"礼"而言。② 是以：是，代名词"此"字，"以"是"所以"的省略。是以，即因此。③ 下德不失得：下，低下、卑下，与高尚、尊尚对言。下德，以德为卑下者。不失得，指不愿失去外得。④ 尚德无为而无不为也："无为"，即顺应自然，无所偏为，使民自化。无不为，全为，不偏不倚，普及之意，帛书本作"无以为"，据《韩非子·解老》当作"无不为"。此句指尚德者，顺应自然，所以没有偏失。此句下，通行本有"下德无为而有以为"，帛书本无，当据帛书本删。⑤ 尚仁为之而无以为也：为之，欲为，想要有所作为。无以为，"以"、"与"通假，"无以"即"无与"，亦释作"无从"。尚仁者心中想要有所作为，因拘于亲疏，所以无从为。⑥ 尚义为之而又以为也：意谓尚义者依照自己的主张作为，下位者拘于利害而无从为，因此，尚义者，为之又为而无所止。⑦ 尚礼为之而莫之应也：莫之应，不相应。尚礼者，以礼强加诸他人，而对方相应不理。⑧ 攘臂而扔之：攘臂，卷起衣袖。扔，引。攘臂而扔之，伸出手臂来强迫他人。⑨ 忠信之薄：薄，浅薄。指"礼"是忠信浅薄后产生的。⑩ 乱之首：形成错乱的开始。⑪ 前识者：前，先。识，通"志"、"意"。前识者，心意动要想有所作为，指尚仁义者而言。⑫ 道之华：华，华夸。道之华，"道"之华夸。用"仁"、"义"来取代"道"，是谓华夸了"道"。⑬ 愚之首：愚，即"遇"，愚之首，指接触外在事物的开始。⑭ 居其厚，不居其薄：厚，指"德"。薄，指忠信的浅薄，即礼。⑮ 居其实，不居其华："实"指"德"的实，"厚"、"实"义同。"华"指"道"之华夸，即"仁"、"义"。⑯ 去

彼取此：彼，指“仁”、“义”、“礼”。此，指“德”。去彼取此，即去除“仁”、“义”、“礼”的华夸，重视“德”的厚实。

【导读】

尚德的人，不求外得，所以有德；以德为下的人，不想损失外得，所以无德。尚德的人不偏行己意，所以行为完全。尚仁的人拘于亲疏，欲有所为，所以无从作为。尚义的人拘于利害，有所作为，为之又为而无所止。尚礼的人，以礼强加诸他人，对方不理，于是伸出手臂来强迫。行道不完全了，所以行德，行德不完全了，所以行仁，行仁不完全了，所以行义，行义不完全了，所以行礼，行礼，是因为忠信薄了，这是乱的开端。己意行在道的动作之前，这是华夸了道，是接触外在事物的开始。因此大丈夫要厚不要薄；要实在的，不要华夸的。于是离开那个华夸的“仁”、“义”、“礼”，趋往这个厚实的德。

《汉书·贾谊传》：“上亲上齿，上贤上贵。”《汉书·匡衡传》：“治天下者审所上。”“上”、“尚”通假，“上德”是以德为上、尚德的意思。

“失道而后德”指的是不尚道所以行德。道无形名，所以只好从事于德，但是“孔德之容，唯道是从”《老子》第二十一章，“同于德者，道亦得之”（《老子》第二十三章），真正有德的行动是跟着道的，无法尚道所以行德仍是从事于道。

“失德而后仁”指的是不尚德所以行仁。意近《老子》第十八章：“大道废，安有仁义”。

“失仁而后义”指的是不尚仁所以行义。一旦开始分别谁可依赖（利）、谁是阻碍（害），就连为政以仁、好分亲疏的都不如了。第五章的“不仁”与此处的“失仁”状况不同，“不仁”是无仁、不拘于亲疏。

失义而后礼：不尚义所以行礼。一旦开始分谁是贵、谁是贱，就连分谁可依赖（利）、谁是阻碍（害）的都不如了。

老子说“无为”，是自然无为、尚德无为，所以老子重道德，只不过他重视的不是社会道德，而是自然道德。尚礼，尚“忠信之薄”，不如尚忠信、仁义，尚仁、尚义至少是发自内心的，是忠信的，虽然尚仁义不好，至少不像尚礼者一样失了忠信。郭店楚简《忠信之道》列举忠信的各种表现，最后归结为“忠,仁之实也。信,义之期也”。见荆门市博物馆编:《郭店楚墓竹简》(文物出版社 1998 年版,页 163):“忠,恳(仁)之实也;信,㦤(义)之异(期)也。”尚礼者是依赖礼制法物,倚赖外物来肯定自己,而不是发自内心来肯定自己,与道相反,道“虽微,天地不敢臣”,虽然不被人看见,却能够让天地都顺从,反观尚礼者、前识者,尚礼者以制度器物高举自己,前识者意动欲为、标举仁义,接触外物而有了亲疏、利害的关系。尚礼者、前识者不以德服人,或倚靠外物,或倚靠自己的心意,皆难以使人信服。

“上德无为而无以为”,甲本、乙本、河上公本同此。《韩非子·解老》、严遵《老子指归》、傅奕本、范应元本、《文选·魏都赋》李善注引作“上德无为而无不为”。范应元所见王本作“无不为”,而今本王注:“上德之人……故能有德而无不为。”是今通行本正本正文作“无以为”者乃后人妄改。四十八章乙编“〔为〕学者日益,为道者日损。损之又损,已至亡为也,亡为而亡不为”,《庄子·知北游》引作:“以至于无为,无为而无不为也”。王本亦作“无为而无不为”,注:“有为则有所失,故无为乃无所不为也。”乙编、《知北游》引、《韩非子·解老》、《老子指归》、王本、范本作“无为而无不为”者是。

“下德为之而有以为”,范应元所见王本作“下德为之而无以为”,今王本注:“故下德为之而有以为也。无以为者,无所偏为也。凡不能无为而为之者,皆下德也,仁义礼节是也。”既云“无以为”,是原文当是“下德为之而无以为”,盖既改上文“无不为”作“无以为”,避免与本句重复,故改下文“无以为”作“有以为”,并改注文。然则王本此句作“下德为之而无以为”。范应元曰:“韩非、王詶、王弼、郭云、傅奕同古本。河上公作下德为之而有以为。今从古本。”今傅奕本正作“无以为”,然《韩非子·解老》并无此句,疑范误衍“韩非”二字。王本、傅奕本、范应元本“下德为之而无以为”与“上仁”句重,严遵《指归》,河上公本,以及唐、宋、明、清诸御注本“下德为之而有以为”又与“上义”句重。至如于鬯《香草续校书》、陶鸿庆《读诸子札记》乃欲据“无不为”上句,改此“有以为”句为“有不为”。可见“下德”句在此,扞格不入,犹方枘入圆凿也。

“下德”一句之所以附加,是有见于“上德不德”、“下德不失德”之“上德”、“下德”对举,误解“上德”为“太古无名号之君”、“上德”之人,而以“下德”为“号谥之君”、“下德”之人。既言上德之君，上德之人“无为”，故妄加“下德”之君、下德之人“有为”，又见“上仁”、“上义”之“为之”，故作“下德为之”，然“有以为”、“无以为”，莫衷一是，因而歧义别出，是不知“上德”乃“尚德”，“下德”乃“卑德”也。而“上仁”、“上义”、“上礼”皆“尚仁”、“尚义”、“尚礼”之假借也。“下德为之”句当删。

“愚之首”，王注：“故前识者，道之华而愚之首”，今通行本作“始”者，是后人妄改也。

第三十九章

昔之得一者①：天得一以清②，地得一以宁③，神得一以灵④，谷得一以盈，侯王得一以为天下正⑤。

其致之也⑥：谓⑦：天不已清将恐裂⑧，地不已宁将恐废，神不已灵将恐歇，谷不已盈将恐竭，侯王不已贵以高将恐蹶⑨。

故必贵而以贱为本⑩，必高而以下为基。夫是以侯王自谓孤寡不谷⑪。

此其贱之本与⑫？非也！

故致数誉无誉⑬。

是故不欲琭琭若玉，硌硌若石⑭。

【注释】

① 昔之得一者：得，顺应。“一”指“道之动”，道生万物的过程，即道的自然变化。昔之得一者，是指昔之能顺应自然变化者。② 天得一以清：以，“所以”之省略。清，清明。③ 地得一以宁：宁，宁静。④ 神得一以灵：神，神巫。灵，验灵。⑤ 侯王得一以为天下正：侯王，即诸侯王。正，定也。“天下正”即“天下安定清静”指往昔曾有侯王，顺自然而行事使天下清静。通行本于此句上有“万物得一以生”，帛书甲、乙本无此句，与“万物无以生将恐灭”句皆为后人所增。⑥ 其致之也：其，指上列例子而言，致，诫。由上列所说的来告诫以下的事。⑦ 谓：此为告诫之言假设之词。

谓犹“使”。通行本删之，不当。⑧ 天不已清将恐裂：“不已”即不休止、不停止之意。本句指天是顺应道的自然变化，所以清明，若是不满足而不停止地追求更清明，则会导致天裂。⑨ 侯王不已贵以高将恐蹶：“以”字，在此作连词，即“与”。蹶，犹“挫”，挫败、颠覆。这是说侯王不知止而欲求贵与高，则将会挫败、颠覆。⑩ 必贵而以贱为本：通行本无“必”字，据帛书应有“必”字。必，肯定之词，必定。设若侯王不能得一清静，必欲求贵求高，则必以贱为本，必以下为基，以免挫败。⑪ 侯王自谓孤寡不谷：此所以侯王自称孤、寡、不谷。“孤、寡、不谷”都是谦词，指自己孤德、寡德。“不谷”即“朴”之音。⑫ 此其贱之本与：此，承上言，代词，指侯王自称的称号。其通“岂”。“孤”、“寡”、“不谷”的称号岂是贱的根本？⑬致数誉无誉：致，诫也。数，计，此指计算、筹划。数誉即指计算筹划以谋求声誉。数誉无誉此乃告诫侯王若不能务本而只计谋求声誉者，终至于无誉。⑭ 不欲琭琭如玉，硌硌如石：琭，玉名。此指华丽的美玉。不欲琭琭如玉，不愿像华丽的美玉一般。硌硌，石名。此指质朴的石头。硌硌如石，省略语，前句反，此句正，欲硌硌如石，想像石头一样朴实。

【导读】

早昔得一（道之动）的，天顺“道的运作”而清，地顺“道的运作”而宁，神巫顺“道的运作”而灵，谷水顺“道的运作”而盈，侯王顺“道的运作”使天下清静。上述诸事所告诫的是：天清无止尽，恐怕将会裂，地宁无止尽，恐怕将会废，神巫灵验无止，恐怕会歇止，谷水满盈无止，恐怕会枯竭，侯王求贵与高不知止，恐怕会覆败。所以侯王非得要富贵的话，就一定要以贱为本，非得要崇高的话，就一定要以下为基。这就是侯王自称孤、寡、不谷的原因。“孤”、“寡”、“不谷”这些侯王的自称是贱的根本吗？不是！这样讲是要告诫说计算追求名誉就导致无誉。因此告诫侯王，不可如玉一般华丽，要像石一样朴实。

通行本“万物得一以生”、“万物无以生将恐灭”两句当删。河上公本注：“致，诫也。谓下五事也。”校以甲本、乙本并无此二句，与河上公注“五事”合，此二句乃后人妄增。

正，通行本作“贞”，“贞”借字，“正”本字。

郭店《老子》"无"或作"亡"，帛书《老子》"无"作"无"，而今帛书本章作"毋"，明"毋"字不释作"无"。"毋"或释作"勿"，如第十章；或释作"不"，如三十章及本章；而王本作"无"者，非也。当作"不"。

甲本五"谓"字，乙本简省用一"谓"字统言之，通行本则并一"谓"字亦删之，不当，此告诫之言，假设之词，"谓"犹"使"也，设使无所止则"裂"、"废"、"歇"、"竭"、"蹶"也。

第四十章

返也者，道之动也①；
弱也者，道之用也②。
天下之物生于有，
有生于无③。

【注释】

① 返也者，道之动也：反、返通用，"大逝远返"之"返"是万物的生灭，顺道而往返，也是道生成运作的过程。② 弱也者，道之用也：弱，"骨弱筋柔"之"柔"，柔弱而生生不息，即"道"的作用。③ 天下之物生于有，有生于无：有，指道生万物的过程，虽然是恍恍忽忽却是实有的，故称"有"。"无"，"道"无形无名，所以用"无"来说。"有"、"无"都是指"道"而言；"无"是指"本体"，"有"是指"生成"。

【导读】

大、逝、远、返，无所不归是道的行动，骨弱筋柔是道的作用。天底下的活物皆是"有"(道的运作)所生的，"有"(道的运作)出自于"无"。

返——无所不归是道的行动，此处省略大、逝、远。道的行动是大、逝、远、返。大：无所不包，逝：去除范围，远：无所不达，返：无所不归都是道的行动。

王注："天下之物，皆以有为生。"可证王本正文原文作"天下之物"，与范应元所见王本同。而今通行本作“天下万物”者，明刻本妄改。

“反”，甲编在此作“返”，在第二十五章作“反”，反、返通用。

竹简上脱一“有”字之重号“＝”，原文应作“天下之物生于(又)有，＝(有)生于亡”，与乙本同。

第四十一章

上士闻道，勤能行之；

中士闻道，若存若亡①；

下士闻道，大笑之。不大笑，不足以为道②。

是以《建言》有之曰：

“明道如孛③，夷道如纇④，进道如退⑤，尚德如谷⑥，大白如辱⑦，广德如不足⑧，建德如偷⑨，质真如愉⑩。大方无隅⑪，大器免成⑫，大音希声。大象无形，道褒无名⑬。”

夫唯道，善始且善成⑭。

【注 释】

① 若存若亡：若，或。存，指留于心。亡，忘，是指去于心。这里是说“中士闻道”，有时则留之于心，有时则去之于心。② 不大笑，不足以为道：因为“道”并非人人能悟，若连下士都能懂得“道”，那就不足以为“道”了。所以下士闻道，大笑之。③ 明道如孛：明道，清明的大道。如，像，实际上却不是。孛，乱。④ 夷道如纇：夷，平坦。纇，本指丝结不平，这里指“不平”。⑤ 进道如退：进道，即进德、修德。退，损，指退去外得。第四十八章“为道者日损，损之又损。”⑥ 尚德如谷：尚德的人，虚怀若谷，如浴水之就下。⑦ 大白如辱：大，极。辱为本字，俗作“黷”，由白染黑曰辱。⑧ 广德如不足：广德，厚德。⑨ 建德如偷：偷，《老子》本文原作“俞”。“建德如俞”的“俞”读为“偷”，同“偷”，苟且，是指苟且偷堕。⑩ 质真如愉：质，本质。真，真切。愉，谀之借。善言善貌是为谀。⑪ 大方无隅：方，边界。隅，角。方大无隅。⑫ 大器免成：免，乙编作“曼”，“曼”亦

"免"。器大免成。⑬ 道褒无名：褒，盛大。道大无名。⑭ 善始且善成：成，终。善始且善成，即善始且善终。

【导读】

上等的执事者听了道，就努力行道；中等的执事者听了道，时而留意，时而忘记。下等的执事者听了道，大大嘲笑着道。下等的执事者听了不会大笑的道，就不是道了。所以《建言》这么说："真正清明的乍看之下是杂乱的，真正平直的乍看之下是纠结的，真正进德的乍看之下是退损的，真正尚德的乍看之下是居下的，最清白的乍看之下是被染黑的，真正广博的乍看之下是贫乏的，真正刚健的乍看之下是苟且的，本质真切的乍看之下是阿谀的，最多边的多边形是无角的，最成器的器是不成器的，极致的声音是无声的。象大无形，道大无名。"只有道能创始成终。

首句"上士闻道，'勤能行之'"，郭店本作"勤能行于其中"，帛书本作"堇（勤）能行之"，意思是"努力而行"。"勤能行于其中"是说"通过努力可行于其中"，这是上士的抉择与坚持。

"建德"即"健德"，"建德如俞"读作"偷""偷"或作"偷"，意思是苟且。

在《老子》第二十八章："朴散则为器，圣人用则为官长，夫大制无割。"《老子》第六十七章："不敢为天下先，故能为成器长。……舍其后，且先，则必死矣。"中，"器"专指人的才干特质。在《老子》第五十一章："道生之而德畜之，物形之而器成之"中，"器"泛指具备不同特质的万物。具备不同特质的万物都是因着道而成就的，不能"慢成"也不能"免成"，而是已成。"大'器'免成"是专指人的才干特质，每个人的才能不一样，被派任的职务也不同，所以各有所成，但是最强大的人才，不是他的成就所能限量的。本句"大器慢成"中的"慢"是"免"的借字，应释为"免"。

"堇"本字，今作"勤"。甲本、乙本第六章："绵绵呵若存，用之不堇"。本章乙编、乙本亦作"堇"。而《淮南》之《原道》、《道应》引《老子》并用"勤"，与王本同。"堇能行之"，即"勤能行之"。

乙编"明道如孛"，裘锡圭曰："孛，简文与《古文四声韵》引《古孝经》'悖'字同形。帛书乙本作'费'，帛书整理小组云：费疑当作曹。可从。"王本作"昧"。按：孛，悖也，银雀山竹简《晏子・七》："今君之正（政）反乎民，行孛(悖)乎神。”明本“孛”作“悖”。《说文解字》:“悖,乱也。”《尔雅·释诂下》:“明,成也。”《诗经·周颂·臣工》:“于皇来牟,将爱厥明。”《墨子·天志上》:“然则何以知天之爱天下之百姓?以兼而明之。”明并训作“成”。然则“明道如孛”即言“成道如乱”,音假而作费,再假而作昧,《老子》原文当是“明道如孛”。

乙编“夷道□□”,据王本补作“夷道如纇”,《说文解字》段注:“纇,亦假类为之。”《左传》昭公十六年:“刑之颇类。”孔疏:“服虔读类为纇,解云:颇,偏也。纇,不平也。”“纇”本字,本指丝节不平,类借字,故当据王本补。

乙编“大白如辱”,范应元曰:“黷,音辱,黑垢也。古本如此。”《玉篇》:“黷,垢黑也。”《广雅·释诂三》:“辱,污也。”《仪礼·士昏礼》:“今吾子辱。”郑注:“以白造缁曰辱。”贾疏:“谓以絜白之物造置于缁色器中,是污白色。”是借“辱”作“黷”,故范本作“大白如黷”。

乙编“建德如□,□真如愉。”范本作“建德如输”,当据王本作“偷”,今傅奕本作“偷”。《汉书·元帝纪》:“偷合苟从。”颜注:“偷,与偷同。”偷,苟对言,即言偷,偷,苟且也。盖《老子》本文原作“俞”,与下文“质真如俞”之“俞”音不同,“俞”字读“侯喻切”。而此“建德如俞”之“俞”读为“偷”,同“偷”;“偷”并作“俞”,而后者加偏旁作偷,作偷;而河上公加手作“揄”,揄,引也。董遇借作“摇”。马叙伦《校诂》曰:“古音俞摇相通。”是三者并误读“俞”作侯俞切矣。河上公本“揄”,草字讹手为车,而误作“输”。“俞”即“偷”、“偷”,言苟且偷惰也。

乙编“□真如愉”,据乙本补“质”字。“愉”,王本作“渝”,乙本缺,疑《老子》原文作“俞”,读作“愉”或“渝”。

乙编“大器曼成”,乙本“曼”作“免”,王本作“晚”,“晚”读作“免”,乙编作“曼”,“曼”亦“免”也,古音面曼同,是“大器免成”即“大器晚成”。

乙编“大象无形”,乙编、乙本“大”讹作“天”,“天象可知,而道大无形”,是知原文当作“大象无形”,与“大方无隅”、“大器免成”、“大音希声”一例。

“夫唯道,善始且善成”。郭店简本节抄,故无此句。帛书乙本作:“善始且善成”,通行本“始”作“贷”。范应元曰:“严遵、王弼同古本,河上公作善贷且成。今从古本。”是范所见严遵本、王弼本并作“善贷且善成”,而今通行本并脱下“善”字,两本“贷”字并误,当作“善始且善成”与乙本同。

第四十二章

道生一，一生二，二生三，三生万物①。
万物负阴而抱阳②，冲气以为和③。

天下之所恶，唯孤寡不谷，
而王公④以自名也，
物或损之而益，益之而损，
古人之所教，亦我而教人⑤，
故“强梁者不得其死”⑥，我亦将以为教父⑦。

【注释】

① 道生一，一生二，二生三，三生万物："道"是宇宙的本体，"一"是宇宙的生成。"一生二，二生三，三生万物"，表明"实有的生成变化"，即道生万物的过程。② 万物负阴而抱阳："负"即"抱"，古音同。这句是说，"道"生"万物"，赋予万物阴阳二气，二气相异所以相冲，相冲后而调和，因为阴阳二气能量不一，因此调和之后，各类不同，是为万物。③ 冲气以为和：阴阳二气，因为相异所以相冲，相互调合而成万物，因为所赋的阴阳之气不同，而成各类，而称万物。④ 王公：天子曰王，诸侯曰公。⑤ 古人之所教，亦我而教人：凡古人所流传教我的善言，我也以此教人。⑥ 故"强梁者不得其死"：故，是以，承上而言。此为"古人所教"的古谚，意指刚愎自用者，自以为聪达智捷，强干果决者，无法善终。⑦ 我亦将以为教父："教父"甲本作"学父"，"学"、"斅"古同字，所以王本做"教"。为通读之便，今作"教"父。父，始。

【导读】

宇宙的本体造就了宇宙的生成，一生二，二生三，三生万物。万物抱阴又抱阳，阴阳二气相冲后调合而成万物。

天下人不喜欢的就是孤、寡、不谷，君王诸侯却把它们作为自称。事情有时会因受损而变好，因得利而变得不好，古人流传好教导人的，我也拿来教导人。所以说“强出头的不得好死”，我也把它当作教学的开始。

“道”是指宇宙的本体，“一”、“二”、“三”是宇宙的生成，因为宇宙的生成难以言说，于是以“道生一”、“一生二”、“二生三”来讲这个过程，“一生二，二生三，三生万物”，是指道生万物的过程，也就是“实有的生成变化”，一、二、三乃是虚指。虽然“万物负阴而抱阳，冲气以为和”句紧接在“道生一，一生二，二生三，三生万物”的后面，易让人误将此句的“一”、“二”、“三”解为：“一”是混沌→“二”是阴阳二气→“三”是阴阳二气相冲后而生的万物，但是这么一来就是认为道可以分解为阴阳二气，然而道本身不可分解，以能量来看待道或把阴阳等说法拿来释道都是不对的，阴阳、能量都是对于物质的描述，最多仅能看作道生物的过程，而不能将之视为道的本体，所以不宜将一、二、三落实来解。

“万物负阴而抱阳，冲气以为和”的“负”要解为“抱”，“负阴抱阳”是指掺杂不可分割，“视素保朴”（第十九章）则是指养顾。“万物负阴而抱阳，冲气以为和”是说万物是阴阳二气相冲后调和的产物，每一个万物的里头都有阴也有阳，因为万物本是调和后的阴阳二气，但是这不表示万物是阴阳二气所生。创生万物的是道，不是阴阳二气。“阴阳二气”、“冲气以为和”都是在“万物”里面，强调的只是每一个万物中都有阴有阳，并且是已调合的。

帛书甲本“天下”，乙本、通行本作“人”。按：作“天下”者是，正与“王公”相互呼应，《周礼·考工记·序》：“坐而论道，谓之王公。”郑注：“天子，诸侯也。”正因天子曰王，诸侯曰公，是泛指天下之贵者自谦而自名为“孤”、“寡”或“不谷”也。且“天下”正领领“物或损之”句，谓“天下之物，或损之而益，益之而损”，若作人，则“人”、“物”不类矣。蒋锡昌《校诂》曰：“十六章‘公乃王，王乃天’，彼文‘公’、‘王’即此文‘王公’也。”蒋说是正确的，第十六章“公”、“王”、“天”分作三等，是王、公不同阶也，若仅言“王侯”、“侯王”，则周天子不与矣，当从甲本作“天下”、“王公”。

“强梁者不得其死”，高亨云：“似若古谚。”老子既云“古人之所教，亦我而教人”，然则此“古人所教”者即“强梁”句，“故”即“是以”，承上而言。“学父”：“学”、“斅”古同字，教也，故王本作“教”，范应元曰：“《音辩》云：‘古本作学父，河上公作教父’。按《尚书》：‘惟斅学半’，古本并作学字，则‘学’宜音‘斅’，亦教也，义同。父，始也。今并从古本。”为通读之便，今作“教父”。

第四十三章

天下之至柔①，驰骋于天下之至坚②。

无有入于无间③，吾是以知无为之有益也④。

不言之教⑤、无为之益，天下希⑥能及之矣。

【注释】

① 天下之至柔：至柔，以道为喻，道在天下之物中。抑或以第七十八章“天下莫柔弱于水”，则天下之至柔，指“水”而言，是以水性柔，不可易。② 驰骋于天下之至坚：驰骋，攻破、贯穿之意。至坚，在此以金石为喻。③ 无有入于无间：无有，没有厚度、形体。无间，没有间隙。“无有”指“道”而言，无有定形，“无间”指“金石”而言。④ 吾是以知无为之有益也：“无为”，不自我作为，即“尚德”。无为之有益也，即尚德的好处。我因此知道尚德的好处。⑤ 不言之教：言，即政令。不言之教，不以政令教化。⑥ 希：很少、几乎不。

【导读】

道是天下至柔的，能攻破天下至坚的。道无有定形而贯穿了没有间隙的金石。我因此知道尚德无为才是好的。不以政令为教、尚德无为的好，天下人能做到的很少啊！

尚德无为的人很少，是因为鲜少有人明白尚德无为的好，《老子》第七十章：“吾言甚易知也，甚易行也；而人莫之能知也，而莫之能行也。夫言有宗，事有君，夫唯无知也，是以不我知。”《老子》第七十八章：“柔之胜刚，弱之胜强，天下莫不知也，而莫能行也。”众人都知道柔弱胜刚强，但是很少有人因此选择尚德无为，因为不知道尚德无为的好，所以不能尚德。

从《老子》第七十八章说："天下莫柔弱于水，而攻坚强者莫之能胜也，以其无以易之也。"可以知道时间是柔弱胜刚强的成因之一，"无以易之"指的是只要长时间针对同一个点，即使是水也能够穿透石头，暗示时间是必要因素。弱者会成长，只要持之以恒努力前进，往往能超越强者。然而吾人须留意：保持柔弱比变强来得好，这是不受限于时间因素的，也就是说，在任何处境中都要守柔，《老子》第七十六章："兵强则不胜，木强则烘。强大居下，柔弱居上。"以兵力强取邦国不能长久，好的木头容易被利用。强大为下，趋向死亡，柔弱为上，生生不息。为下、为上非言胜败，而是优劣的选项，优的是顺服，劣的是违逆。假如吾人的选择是增益自己，就会因为过分养护自己而违反自然，"益生曰祥，心使气曰僵。物壮则老，是谓不道"(《老子》第五十五章)，努力壮大反而加速衰亡，壮大益生是不合于道的啊！

第四十四章

名与身孰亲①？身与货孰多②？得与亡孰病③？
甚爱必大悖④，厚藏必多亡⑤。
故知足不辱⑥，知止不殆⑦，可以长久。

【注释】

① 名与身孰亲：名，外在的名声，如"仁"、"义"之名。身，自身。亲，近、爱。"亲"与"疏"相对，"名与身孰亲"即名与身孰亲？孰疏？② 身与货孰多：货，财货，指"礼"的饰物，如执圭、奉璧以为礼。多，重。"重"与"轻"相对，"身与货孰多"即货与身孰重？孰轻？③ 得与亡孰病：得，外得泛指"仁"、"义"之名，"礼"之财货。亡，亡身、亡身之德。病，疾甚。得名货而亡身，与全身而无名货，孰病？④ 甚爱必大悖：甚爱，爱名之过。悖，心乱。爱名之过，必使人心里错乱，此对"尚仁、尚义"而言，爱名之甚心必大悖。⑤ 厚藏必多亡：厚藏货，贪货之欲过甚，必定亡身之德。⑥ 故知足不辱，知止不殆："知足"，即"知止"，"足"、"止"同源。辱，侮辱。殆，危殆。

⑦ 可以长久：即第五十九章“长生久视之道”。

【导读】

仁义的美名和你的德哪样亲爱珍贵？你的德和可为模范的物品哪样较有价值？得名货与失德哪一个是大患？你若贪爱美名，就会心乱，厚藏礼的法物就会亡德。因此，知足就不蒙羞，知止就不会危殆，可长生久养。

从《老子》第三十八章“失道而后德，失德而后仁，失仁而后义，失义而后礼。”可以知道在《老子》中仁、义、礼三者是有次序的。指涉仁、义、礼的章节乃是由甲“仁→义→礼”、乙“‘仁、义’→礼”、丙“统言仁、义、礼”这三种基本结构组合而成。第三十八章“夫礼者，忠信之薄也而乱之首也；前识者，道之华也而愚之首也。”是乙结构的变异形态，受前文“失道而后德，失德而后仁，失仁而后义，失义而后礼”影响，而要从最不好的情况——“礼”说起，行文次序虽是“礼→仁义”，轻重次序却是“仁义→礼”，因此仍将之归于乙结构。下表列出《老子》中指涉仁、义、礼的字句，并注明章次、指涉内容与结构。

<table>
<tr><th>章次</th><th>指涉仁、义、礼的字句</th><th>指涉内容</th><th>结构</th></tr>
<tr><td rowspan="3">第三章</td><td>不尚贤，使民不争。</td><td>仁义</td><td rowspan="2">乙</td></tr>
<tr><td>不贵难得之货，使民不为盗。</td><td>礼</td></tr>
<tr><td>不见可欲，使民不乱。</td><td>统言仁、义、礼</td><td>丙</td></tr>
<tr><td rowspan="5">第十七、十八章</td><td>其次，亲誉之；</td><td>仁</td><td rowspan="3">甲</td></tr>
<tr><td>其次，畏之；</td><td>义</td></tr>
<tr><td>其次，侮之。</td><td>礼</td></tr>
<tr><td>大道废，安有仁义；</td><td>仁义</td><td rowspan="2">乙</td></tr>
<tr><td>智慧出，安有大伪。</td><td>礼</td></tr>
<tr><td rowspan="3">第十九章</td><td>绝智弃辨，民利百倍；</td><td>统言仁、义、礼</td><td>丙</td></tr>
<tr><td>绝为弃作，民复孝慈；</td><td>仁义</td><td rowspan="2">乙</td></tr>
<tr><td>绝巧弃利，盗贼无有。</td><td>礼</td></tr>
</table>

（续表）

章次	指涉仁、义、礼的字句	指涉内容	结构
第三十八章	尚仁为之而无以为也；	仁	甲
	尚义为之而又以为也。	义	
	尚礼为之而莫之应也，则攘臂而扔之。	礼	
	失德而后仁，	仁	甲
	失仁而后义，	义	
	失义而后礼。	礼	
	夫礼者，忠信之薄也而乱之首也；	礼	乙（变异）
	前识者，道之华也而愚之首也。	仁义	
第四十四章	名与身孰亲？	仁义	乙
	身与货孰多？	礼	
	得与亡孰病？	统言仁、义、礼	丙
	甚爱必大悖，	仁义	乙
	厚藏必多亡。	礼	
第四十六章	罪莫厚乎甚欲；	仁义	乙
	咎莫憯乎欲得。	礼	
	祸莫大乎不知足。	统言仁、义、礼	丙
第五十六章	塞其穴、闭其门，	仁	甲
	和其光、同其尘，	义	
	挫其锐、解其纷，	礼	
	不可得而亲，亦不可得而疏；	仁	甲
	不可得而利，亦不可得而害；	义	
	不可得而贵，亦不可得而贱。	礼	
第五十七章	天下多忌讳，而民弥畔，	统言仁、义、礼	丙
	民多利器，而邦滋昏。	仁义	乙
	人多智而奇物滋起，法物滋彰，盗贼多有。	礼	

此处的“名与身孰亲？身与货孰多？”即是仁义→礼，名指仁义之名，货指礼的法物，翻译被拿来和“仁义”、“礼”比较的“身”，回到“失道而后德，失德而后仁，失仁而后义，失义而后礼”的脉络来讲，“身”字面指的是“自身”，但是在这段文字中，应作“自身之德”解，所以应该把“身”译为“你的德”。此处的“货”与“身”相对，“身”指的是“自身之德”，是正面的，“货”则是负面的，“货”不是泛论一般的“财产”。《老子》第五十三章：“大道甚夷，民甚好径；朝甚除，田甚芜，仓甚虚。服文采，带利剑，厌饮食，资货有余，是谓盗竽。”农人不务正业，只顾着巴结上位的人，追求以华服、利剑表达身份地位，如此一来，上位者资货有余，农人看起来也是吃得好、穿得好，可是他的谷仓却是空的。财产包括了田产、谷仓等，此处的“货”不是指谷仓，因此“身与货孰多”的“货”是指礼的法物。

“费”字是“孛”字的借字，郭店简本《老子》乙编第五章“明道如孛”，帛书本作“费”，该“费”字也是“孛”字的借字。

帛书乙本残毁，仅存“名与”二字。通行本“甚爱必大悖”上有“是故”二字，与傅奕、范应元本同，而甲编、甲本并无此二字，与河上公本同，甲编“厚藏必多亡”，甲本、通行本作“多藏必厚亡”，义同，从甲编。而“知足不辱”上有“故”字，通行本无。

第四十五章

大成若缺①，其用不敝②；大盈若盅③，其用不穷④。
大巧若拙⑤，大赢若肭⑥，大直若屈⑦。
躁胜寒，静胜热⑧，清静为天下正。

【注释】

① 大成若缺：大，极。成，成功，完满。若，如，像。缺，缺失。② 其用不敝：用，用度。敝，败。③ 大盈若盅：盈，盈满，充实。盅，空虚。④ 其用不穷：穷，尽。⑤ 大巧若拙：巧，灵巧。拙，笨拙。⑥ 大赢若肭：赢，满赢。肭，缺肭。⑦ 大直若屈：直，正直。屈，弯曲。⑧ 躁胜寒，静胜热：躁，动。

胜，去除、克服。“躁胜寒”指急动可以去寒。“静胜热”指心静可以去热。

【导读】

极其整全的看起来像是有缺陷的，实际上却不破败；真正盈满的看起来像是空虚的，实际上却是不尽的。最灵巧的看起来像是笨拙的，最进取的看起来像是退缩的，最直的看起来像是弯的。动起来就可以克服寒冷，平静能够克服炎热，尚德清静可以定天下。

乙编“大成若诎”句误，“成”当为“赢”，“诎”当为“肭”，如帛书甲本者，月“赢”如“肭”。

第四十六章

天下有道，却走马以粪①；
天下无道，戎马生于郊②。
罪莫厚乎甚欲③，
咎莫憯乎欲得④。
祸莫大乎不知足⑤，
故知足之为足，此恒足矣。

【注释】

① 走马以粪：走，趋，奔走的意思。走马，奔走的马，指战马。粪，田粪。指天下有“道”时，战马用退于田间。② 戎马生于郊：戎马，战地的马。古时战马用牡不用牝，天下无道时，牡马乏绝，用牝代之。生，生育。郊，郊野，指战地。天下无“道”时，因战乱牝马上阵，而生小马于郊野。③ 罪莫厚乎甚欲：罪，罪过。厚，大。乎，甲本、王本作“于”，此乃据甲编作“乎”。甚欲，过度欲求，指欲“仁、义”之名，贪名之甚，乃对“仁、义”而言。④ 咎莫憯乎欲得：咎，过失。憯，痛。欲得，指欲得“礼”之货。对“礼”而言。⑤ 祸莫大乎不知足：祸，祸患，罪、咎之祸。不知足，不休止的追逐外得，即上述所说的“仁、义”之名与“礼”之货。

【导读】

天下有道时，退却战马去粪田。天下无道时，战马于郊野出生。罪过莫大于过度欲求仁、义之名，过失莫痛于欲得礼之法物。祸患莫大于不休止的追逐外得。所以说知止满足于拥有的已经足够了，才是真正的知足。

悖其心、亡其身皆是“祸”，“祸莫大乎不知足”统括“罪莫厚乎甚欲，咎莫憯乎欲得”。“祸”统括“罪”、“咎”，“不知足”统括“甚欲”、“欲得”。

第四十七章

不出于户，可以知天下；

不窥于牖①，可以知天道②。

其出弥远者，其知弥少③。

是以圣人不行而知④，不见而明⑤，不为而成⑥。

【注释】

① 不窥于牖：牖，窗户。窥，从户中窥视户外的意思。② 可以知天道：天道，指天道的自然变化。③ 其出弥远者，其知弥少：出，向外追求。弥，愈，更加。知，是指知“道”变化的自然之理。向外在追逐的外得愈多，对于“道”的认知愈少。“其出弥远者”犹如第四十八章“为学者日益”。④ 是以圣人不行而知：是以，因此。“道”无所不在，因此顺乎自然，探得自然变化之道，所以能不待行而知。⑤ 不见而明：“道”无所不在，因此顺乎自然，探得自然变化之道，所以能不待见而明。⑥ 不为而成：“道”无所不在，因此顺乎自然，探得自然变化之道，所以能不自为而成。

【导读】

不离开自己的房子，就可以知道天下的事；不看窗外，就可以知道天道的运转。走得越远的，追逐外得愈多的，对于道的认知愈少。因此圣人不用等到去做了才知道，不必非要见到了才明白，不需要有所作为自然就会完成。

阙：帛书甲本、乙本释作“窥”。《吕氏春秋·君守》、《淮南子·道应》引文作“窥”。而《韩非子·喻老》引文作“阙”，同王本。既云“户、牖”，则当从“门”作“阙”。毕沅《考异》云：“《韩非子》作‘不窥于牖，可以知天道。’《说文解字》曰：‘窥，小视也。’‘阙，闪也。’‘闪，窥头门中也。’《方言》：‘凡相窃视，南楚谓之阙。’沅以为穴中、窃视曰‘窥’，门中窃视曰‘阙’，应用‘阙’字。老子楚人，用楚言矣。《韩非》是。”

“以知天下”、“以知天道”与《道应》引文同；《君守》“以”作“而”，“弥远”下有“者”字，与《喻老》、乙本同，《喻老》引文“以”作“可以”。“以”即“可以”之省略，当从《喻老》作：“不出于户，可以知天下；不窥于牖，可以知天道。其出弥远者。其智(知)弥少。”

“不见其名”，朱谦之《校释》：“《释名·释语言》：‘名，明也。’‘名’与‘明’音义通，不必改字。”然《喻老》引此作“明”，是古本作“明”，当据改。朱说不然。

第四十八章

为学者日益①，为道者日损②，损之又损，以至于无为③，
无为而无不为④，绝学无忧⑤。
取天下，恒无事⑥；
及其有事也，不足以取天下⑦。

【注释】

① 为学者日益：为，治。为学者，即治学者。日益，不断地外加。指治学者不停地追求。② 为道者日损：为道者，即治道者。日损，不断地减损。指治道者日渐减少外得的“仁义”之名、“礼”之货。③ 损之又损，以至于无为：“无为”，即尚德无为，无所偏为。对于外在的“仁义”之名、“礼”之货的外得追求逐渐减少，最后达到“无为”的境界。④ 无为而无不为：无所偏为，而民自化。⑤ 绝学无忧：此句误置在第二十章，今据乙编移正。“学”，是治学者对于仁义礼乐的追求。绝学无忧，停止对于外在“仁

义礼乐”的名货追求，即能得内心清静。⑥ 取天下，恒无事：取，趣、趋、往的意思。恒，常。无事，即尚德无事。治天下，应当尚德无事，使民清静、安定。⑦ 及其有事也，不足以取天下：有事，有为，即行事尚仁、尚义、尚礼而为，为之者败之，执之者失之。以有为的心治理天下，拘于亲疏、利害、贵贱，使民弥分，不足以治天下。

【导读】

致力从事学习的人日日增进，行道的人从事于德，日日减少外得的“仁义”之名、“礼”之货。对于外在的追求逐渐减少，以至于无为。无为所以行为完全，停止对于外在的追求才可以无忧。得天下，总是要无事无为；不能无事无为，便不足以得天下了。

乙编“学”上当补“为”字；乙本“为道”讹作“闻道”，而缺文补“无为而无以为”，误，当据乙编“以”作“不”。“无不为”即言“自化”。《淮南子·道应》：“所谓无为者，不先物为也；所谓无不为者，因物之所为。”而高明先生据第三十八章帛书甲本、乙本补作“无以为”，非也。乙编、《庄子》、《韩非子》、《淮南子》、《王本》并作“无不为”，且《河上公》本章亦作“无不为”，是《老子》古本如此。作“无以为”者非也。

“绝学无忧”句，应在本章，今讹在第二十章，非也。乙编本章下接第二十章，故误作随下读，致有此误。

第四十九章

圣人恒无心，以百姓之心为心。
善者善之，不善者亦善之，得善也[①]，
信者信之，不信者亦信之，得信也[②]。
圣人之在天下也，歙歙焉，为天下浑其心[③]。
百姓皆注其耳目，圣人皆咳之[④]。

【注释】

① 善者善之，不善者亦善之，得善也：“得”、“德”通假，这里是说圣人因为没有“仁”、“义”、“礼”的偏为，不论善与不善者，都待之以善，任其自化，最后都能得其善。② 信者信之，不信者亦信之，得信也：不论信与不信者，圣人都待之以信，则最后都能得其信。③ 圣人之在天下也，歙歙焉，为天下浑其心：歙，合、调合。为，治。浑，素朴。圣人调和其心居天下，治天下使天下人纯朴，就是圣人恒无心的表现。④ 百姓皆注其耳目，圣人皆咳之：百姓，即百官。注，灌注。其，指圣人。“咳”、“孩”通假，笑的意思。《陈情表》：“生孩六月，慈父见背。”“孩”也解作“咳”，笑。百官各执一方器长，灌注圣人的耳目，圣人都微笑接纳。这里是说，不论百官善与不善、信与不信，圣人都以微笑待之。

【导读】

圣人顺自然恒常无心，以百官的心为心。善待善人，也善待不善的人，终能得善。以信实待信实的人，也以信实待不信实的人，终能得信。圣人治理天下居中调和，使天下淳朴混沌，百官都灌注他的耳目，圣人都微笑接纳。

“圣人恒无心”，通行本、河上公本讹作“圣人无常心”。“孩”第二十章乙本作“咳”，犹“孩提”之“孩”，笑也。此言圣人皆笑以对之也。王注：“百姓皆各注其耳目焉，吾皆孩之而已。”据注则正文当有“百姓皆注其耳目”句。

第五十章

出生入死①；
生之徒十有三②，
死之徒十有三③，
而民生生，动，皆之死地之十有三④。
夫何故也？以其生生也。

盖闻善摄生者⑤，陵行不避兕虎，入军不被甲兵，
兕无所投其角，虎无所措其爪⑥，兵无所容其刃，
夫何故也？以其无死地焉⑦。

【注释】

① 出生入死：出，离开。入，进入。出生入死，离开“生”，走向“死亡”。② 生之徒十有三：自然由生走向死亡者，占十分之三。③ 死之徒十有三：受战争灾祸而亡身者，占十分之三。④ 而民生生，动，皆之死地之十有三：“生生”，前为动词，过分养护，后为名词，生命之意。动，不断做违反自然的事，过度养生而损伤生命最后至于死地者，也占十分之三。⑤ 盖闻善摄生者：盖，语气词。闻，听说。善摄生者，善于养护生命的人。⑥ 虎无所措其爪：措，措置。不会接触虎爪，上二句同，谓不入于险境。⑦ 以其无死地焉：因谨慎不进入危险的境地，所以没有必死之地。

【导读】

离开生走向死亡，十个人中约有三个是顺自然而生又顺自然而死的，十个人中约有三个是因战争祸害而死的，十个人中约有三个是养生太过而死，所作所为，都是往死地走。为什么呢？因为养生之厚。听说善于养护生命的人，陆上走不避兕虎，在军中不披军装。兕不投角在他身上，虎不置爪在他身上，兵不容刃在他身上。为什么呢？因为他谨慎不入险境，所以没有必死之地。

第五十一章

道生之而德畜之①，物形之而器成之②。
是以万物尊道而贵德，
道之尊、德之贵，夫莫之爵也③，而恒自然也。
道生之、畜之④、长之、育之⑤、亭之、毒之⑥、养之、覆之⑦。
生而不有⑧，为而不恃⑨，长而不宰⑩，是谓玄德⑪。

【注释】

① 道生之德蓄之:“之”指万物。“畜”即蓄养。万物由“道”所生,由道之“德”所畜养。② 物形之而器成之:“物”,万物。物形之,即万物定形。“器”,通行本讹作“势”,应据帛书作“器”。“器”乃各方面的器长,万物定形后,产生各自的特性。③ 道之尊、德之贵,夫莫之爵也:“爵”,通行本作“命”,“命”、“爵”义同。“道”、“德”的尊贵,是本乎自然,无可命之爵位的。④ 道生之、畜之:“畜”,养下。⑤ 长之、育之:“长”,增长。“育”,抚育。⑥ 亭之、毒之:“亭”,品其形,分别其形。“毒”,成其质,厚其本质。⑦ 养之、覆之:“养”,供养。“覆”,指完全的照顾到最后。⑧ 生而不有:“道”生万物而不以万物为己有。⑨ 为而不恃:“道”有所成而不自我凭恃。⑩ 长而不宰:“道”长万物而不为万物的主宰。⑪ 是谓玄德:是,此。玄,深。“玄德”,深德,即厚德。这里是指深厚的品德。

【导读】

“道”生万物,“道”之“德”畜养万物。万物定形后,产生各自的特性。所以万物以道为尊,以德为贵。“道”、“德”的尊贵,是本乎自然,无可命之爵位的。道生万物,又蓄养它。使万物增长,又抚育万物。分别万物的形态,让万物独立,可以分别得很清楚,又体现厚实的本质。供养万物到老又完全的照顾到生命的末了。“道”生万物而不据为己有。有所成而不作为依恃。“道”长万物而不为万物的主宰。这就是深厚的“德”。

《易·系辞上》:“形而上者谓之道,形而下者谓之器。”甲本作“物形之而器成之”,形器相因,是也。道、德、物、器并为名词,生、畜、形、成并为动词;若作“势”“成”之,“势”为形容词,“成”为名词矣,是词性不一,且“形势”多言山形、地势,禄位也。与此不合,作“势”者非也。

第五十二章

天下有始,以为天下母①。

既得其母,以知其子②;既知其子,复守其母,没身不殆③。

塞其穴，闭其门，终身不勤[4]；
启其门，济其事，终身不来[5]。
见小曰明，守柔曰强[6]。
用其光，复归其明[7]，勿遗身殃，是谓袭常[8]。

【注释】

① 天下有始，以为天下母：天下，天下之物。始，初，指开始。母，万物的根本，孕育的开始。天下之物，都有它的开端，这个万物的开端，就是畜养万物的"道"。第一章"无名，万物之始"就是天下之始，为"无名"，指"道"而言。② 既得其母，以知其子："子"指万物，既得知"道"用来孕育天下之物的畜养之理，所以可以得知天下之物的纷杂。③ 既知其子，复守其母，没身不殆：复，往复。没身，终身。殆，危殆。既知天下之物的孕育来自"道"，回复到追求"道"的本质，固守本源，终身将不危殆。④ 塞其穴，闭其门，终身不勤：乙编作"闷(闭)其门，赛(塞)其兑"今据帛书改。塞其穴，本指门缝，此指耳目，即生理机能。闭其门，天门指"心"而言，是心理机能。勤，劳累。避免耳目、内心欲望的追求，终身将不会劳累。⑤ 启其门，济其事，终身不来："不来"即不复。开启耳目的穴，处理外在的事，则终身无法回复到纯朴的状态。⑥ 见小曰明，守柔曰强：明，即清明。小，微，谨慎于细微处则清明。守柔曰强，如水持守着柔的本质则能穿石，反而是"强"的表现。⑦ 用其光，复归其明："用"其光，即"和"其光，调合，磨掉其外在的光芒，回复到其清明的状态。⑧ 勿遗身殃，是谓袭常：不使自身遭受灾殃，这就是所谓的跟随恒常之道。袭，跟随。常，恒常不变之道。

【导读】

天下之物，都有它的开端，这个万物的开端，就是无名无形而实有的"道"。既得知"道"用来孕育天下之物的畜养之理，就可知天下之物的纷杂。知万物纷杂，就要追求根本，终身不危殆。

塞住耳目孔穴，塞住生理欲望，闭起天门，闭起心理欲望，终身不劳累。心动了，接触外在的事，终身无法回复最初的淳朴。注意到小地方则可看得很清楚，守柔则强。调合消磨你的光芒，恢复淳朴清明，不使自身遭害，这就是跟随着恒常之道。

甲本脱“既知其子”，当据乙本补。“启”，通行本作“开”。乙编“闭”作“闷”，甲编在五十六章作“闭”。本章抄误作“闭其门，塞其穴”，当据甲本移正，作“塞其穴，闭其门”，与第五十六章次第并同。

终身不勤即终身不劳也，《说文解字》：“勤，劳也。”不来，谓不复也，帛书据王本补，释作救，非也，盖来、求形近而讹，故讹作救也。

五十五章甲编“和曰常”，曰，则也。通行本“和”上衍“知”字。

第五十三章

使我挈有知①，行于大道，
唯迤是畏②。
大道甚夷，民甚好径③；
朝甚除，田甚芜，仓甚虚④。
服文采，带利剑，厌饮食⑤，
资货有余，是谓盗竽⑥。
非道也哉！

【注释】

① 使我挈有知：挈，提携，即带领。知，智巧者，即尚“仁、义、礼”的智巧者，如第十九章“绝知弃辨”的“智”。② 行于大道，唯迤是畏：迤，指快捷方式、小径。假设让我带领智巧的民行于大道，唯恐其走向小径。③ 大道甚夷，民甚好径：夷，平坦。大道平坦，而民却喜好小径。喻“道”本素朴，而智巧者却慕华夸。④ 朝甚除，田甚芜，仓甚虚：除，阶除。甚，过度，指朝廷台阶过度干净的样子，比喻往来的人众多，逢迎狱讼频繁。芜，荒芜，虚，虚空。使田荒芜，田仓空虚。⑤ 服文采，带利剑，厌饮食：穿着华服，佩带饰物，以法物为贵。厌，餍，饱足，饮食满足。⑥ 资货有余，是谓盗竽：资货，资存财货。竽，大；盗竽，即大盗。

【导读】

我若带领智巧的民走在大道上，就怕他们喜欢走小路。大道平坦，而民却喜好小径，“道”本素朴，智巧的民却爱好华夸。不从事农事，只知道勾结官府。奔走于官府台阶，田地荒芜，田仓空虚，穿色彩交错的衣服，带着利剑作为装饰，饮食饱足。储存大量财货，便是罪魁大盗。这是不道呀！

乙本“他”释作“迤”，通行本作“施”与河上公本同。“资货有余”，乙本“货”作“财”，通行本“资”讹作“财”；“盗竽”通行本讹作“盗夸”。

第五十四章

善建者不拔①；善保者不挩②；子孙以其祭祀不绝③。

修之身，其德乃真④；

修之家，其德有余⑤；

修之乡，其德乃长⑥；

修之邦，其德乃丰⑦；

修之天下，其德乃溥⑧。

以身观身，以家观家，以乡观乡，以邦观邦，以天下观天下⑨。

吾何以知天下然哉？以此⑩。

【注释】

① 善建者不拔：建，刚建，如第四十一章“建德如偷”的“建”。不拔，不能牵引。指善建德者，固其根本，不为外得所牵引。② 善保者不挩：保，养，如第十九章“视素保朴”的“保”。挩，夺。善于保养德者，顺应“道”的变化，不贪外得，所以不夺。③ 子孙以其祭祀不绝：子孙奉行“建德”、“素朴”之道而不断绝。④ 修之身，其德乃真：真，朴实。⑤ 修之家，其德有余：余，盈余。⑥ 修之乡，其德乃长：长，长进。⑦ 修之邦，其德乃丰：丰，丰盛。⑧ 修之天下，其德乃溥：溥，通行本作“普”，今据《诗经》及傅奕本作“溥”，普及的意思。⑨ 以身观身，以家观家，以乡观乡，以邦观邦，以

天下观天下：都是修“德”以顺自然，即可以自身及于他人，以至于天下。⑩ 吾何以知天下然哉？以此：“此”，即上所云。王弼注：“察己已知之，不求于外也”，这就是第四十七章“不出于户，可以知天下，不窥于牖，可以见天道”。

【导读】

善于建德的人，没有人能拔除他的德。善于养德的人，没人能夺取他的德，他不把自己的德拿去交换天下。子孙因他的建德守德，会效法他，学他建德守德，就像祭祀一般不断绝，德也不断绝。修养于身，德才会实在。自己修德，全家都会修德，德会延伸下去。卿相大夫养德，他的德才能增长。诸侯要修养德，他的德才能丰富。王要修养德，他的德才能普及天下。以自身观自身，觉察到自己，而不是去看别人，品评别人有德无德。用大夫之家，看大夫自己之家。用诸侯之邦，看诸侯自己之邦。用王的天下，看王的天下。我怎么知道天下一定就是这样呢？我凭着察觉自己知道天下，不假外求。

“善建者不拔，善保者不挩”，是说能尚德而坚定抱住德的人，他的德不会移易，但是倚靠政令的人，他的政令会失效。只有修德一事是无人可以夺取的，《老子》第二十三章说：“希言、自然，飘风不终朝，暴雨不终日，孰为此？天地而不能久，又况于人乎！故从事而德者同于德；失者同于失。同于德者，道亦得之；同于失者，道亦失之。”暴雨不终日，何况政令！要少用政令，从事于德者同于德，可以长久，不愿意希言的人便失了德，不能长久。名利都会消逝，也可能被夺取，紧紧抓住的德却代代相传，永远不被夺取。

本章“挩”或作“兑”，《说文解字》：“挩”，解挩也。”段注：“今人多用脱，古则用挩，是古今字之异也，今脱行而挩废矣。”然则甲本、乙本当用“挩”字补，《解老》原文亦应为“挩”或“兑”，作“脱”者乃刻书时改之者也。“兑”通“夺”。争“挩”即争“夺”，“挩”、“兑”，夺也；《解老》曰：“一于其精，虽有可欲之类，神不为动，神不为动谓之‘不脱’。”是韩非所谓“不挩”即言“不夺”。王弼注：“不贪于多，齐其所能，故不脱也。”“脱”当作“挩”，范应元本犹作“挩”，是王本原作“挩”，而后人改作“脱”也。“兑”、“挩”，通作“夺”。

本节以“身、家、乡、邦、天下”分言之，乙本脱“以乡观乡”句，王本“之”下衍“于”字。《解老》“其德乃普”，乙本“普”作“博”，《说文解字》：“博，大，通也。十从尃。尃，布也。”《说文解字》：“溥，大也，从尃声。”是并从尃，并作大，博即言溥也，傅奕本作“溥”，《诗经·小雅·北山》：“溥天之下，莫非王土。”《孟子》、《荀子》引作“普天之下，莫非王土。”是此当据《诗经》作“溥”，如傅奕本。

第五十五章

含德之厚者，比于赤子①；蜂虿虺蛇不螫，攫鸟猛兽不搏②。
骨弱筋柔而握固③，
未知牝牡之合然怒，精之至也④；
终日号而不嗄，和之至也⑤。
和曰常，知常曰明⑥。
益生曰祥，心使气曰僵⑦。
物壮则老，是谓不道⑧。

【注 释】

① 含德之厚者，比于赤子：比，并、皆。于，如。赤子，婴儿。② 蜂虿虺蛇不螫，攫鸟猛兽不搏：虿，蝎类。虺，毒蛇。螫，毒物用尾针、毒牙刺人。攫，抓取。搏，捕、攻击。“蜂虿虺蛇不螫，攫鸟猛兽不搏”二句，非指毒物不能伤及婴儿，而是不入死地之意。德厚之人并同于婴儿，由于置身襁褓之中，而且不自行任意，因此不入于死地。③ 骨弱筋柔而握固：握固，持物坚固，此指心志不移。婴儿骨弱筋柔而能紧握什物。④ 未知牝牡之合然怒，精之至也：牝牡，公母。牝牡之合，此指人世之事。怒，伸张。然怒，此指拳脚伸张的意思。精，实、朴实。婴儿骨弱筋柔而能紧握什物，不知人世之事而自然地伸张拳脚，是极其质真朴实的表现。含德深厚的人也是如此。⑤ 终日号而不哑，和之至也：终日，经常，长时间。和，调和。婴儿长时间的号哭而不哑，是极其自然调和的表现。⑥ 和曰常，知

常曰明：常，恒常。明，清明。自然调和则恒常，知晓恒常则清明。⑦ 益生曰祥，心使气曰僵：益生，同“生生”，过分养护生命，第五十章：“而民生生，动，皆之死地之十有三。夫何故也？以其生生也。”祥，祆祥。心使气，即“前识者”，意念先动者，指未法自然。僵，僵化。过分养护生命则因违反自然而祆祥，意念先动则因未循自然而僵化。⑧ 物壮则老，是谓不道：不道，不合于道。以人为因素致使事物壮大，则加速其死亡，这就是不合于道。

【导读】

怀厚德的人会像个婴儿一样，蛇蝎虫蛇不咬他，猛禽猛兽不攻击他，因为不入于死地。他的肌骨柔弱，生生不已，而能专注无所旁骛。他不知道男女之合，不明白种种世事，所以他所做的只是自然地动，这是因为他至为真切。他能终日哭号而不哑；这是因为他的内在至为和谐。内在能调和就能知道恒常。知道恒常就能清明，喜怒不入于心，没有大起大落。增益生命就是不正常，意念走在道之前的就是坚强者，就是死之徒。事物壮大则老死，这就是不合于道。

通行本脱“者”字，此云“含德之厚者，皆如赤子”。

裘锡圭《甲编》注：“螫，‘蛬’字异体。《说文解字》：‘螫也。’扣，疑读作‘敂’”。《说文解字》：“击也。”“搏”、“击”义同，此作“六字”句，通行本误。非谓“蜂虿不螫、猛兽不击”，是言厚德者不入“死地”也。“骨弱筋柔”乙本讹作“骨筋柔弱”。“骨弱筋柔而握固”，《河上公》注：“赤子筋骨柔弱而持物坚固，以其意心不移也。”

“未知牝牡之合然怒”，乙本“合”作“会”，当据甲编作“合”，与通行本同，甲编作“然怒”，谓赤子之拳脚伸张自如，乙本讹作“朘怒”，既为“赤子”；何“朘怒”之有，作“朘怒”者非也。

嗄，甲编作忧，通行本作“嗄”，甲本释作“嗄”，乙本作“嗄”。今通行本正文及注并改“噫”作“嗄”，而宋张太守刻本作“噫”，范应元所见本为“嗄”，是宋刻已改王本正文及注文“噫”作“嗄”矣。今甲编作“忧”，甲本作“㕲”、乙本作“嗄”，疑“忧”借作“嗄”，是故书也。

“和曰常”，甲编、甲本同，通行本“和”上衍“知”字，承上，言气和则常，故下云知常则明也。

甲编:"物壮则老"、甲本、乙本"则"作"即",而三十章:甲本、乙本。"则"作"而"。通行本作"则"。可证"则"、"即"、"而"通。

第五十六章

知之者不言,
言之者不知①。
塞其穴、闭其门②,
和其光、同其尘③,
挫其锐、解其纷④,
是谓玄同⑤。
故不可得而亲,亦不可得而疏⑥;
不可得而利,亦不可得而害⑦;
不可得而贵,亦不可得而贱⑧。
故为天下贵。

【注释】

① 知之者不言,言之者不知:之,指"德"。言,政令。知德者不以政令,以政令者是不知德。② 塞其穴、闭其门:穴,阅,指耳目五官的生理机能而言,也就是荀子所谓的"天官"。门,天门,指心,即荀子所称的"天君"。塞去耳目五官之欲,闭上其心,便没有亲疏的分别。这里是就"仁"而言。尚仁者拘于亲、疏,欲为之而无从为,所以老子以为闭塞其天官、天君之私,能够玄同于德。③ 和其光、同其尘:和,调和相济。同,不继而尽,即"终"。尘,指尘俗,谓纯朴之民。和其光,调济其光。光者外明而内暗,调其光,济其暗,使其清明,调和自身外在光耀,终归于尘俗的质朴,使无利害之分。这是就"义"而言。尚义者的自现其宜,光芒耀人,而以为标举,顺逆由己,同则"利"之,异则"害"之,使人畏。因此不能通澈清明,所以为之、执之而败之、失之。这是说"和其光"以复其清明,复其清明而归

于质朴,是为“同于尘”。如此则玄同于德。④ 挫其锐、解其纷:挫,折伤,这里借指减损之意。锐,锋芒,借指“法物”的供养,供养太过以贵伤贱,是为锋芒。解,消解。纷,纷扰,指礼制。挫减法物锋芒,消解礼制纷扰,便没有贵贱的差异。这里是就“礼”而言。“塞穴、闭门、和光、同尘、挫锐、解纷”都是就自我修养而言,指去其“仁、义、礼”,重回于“德”。⑤ 是谓玄同:玄,幽远,引申为深奥、玄妙。玄同,就是“玄同于德”的省略,深同于德。⑥ 不可得而亲,亦不可得而疏:去“仁”,则没有了亲疏的分别。尚仁者为之唯“亲誉之”而已,能“塞穴、闭门”去其“仁”,则能深同于德,这样一来则没有了亲疏的困惑。⑦ 不可得而利,亦不可得而害:去“义”,则没有了利害的分别。利,赖、依赖。不因为有所倚者而喜,也不因有所阻者而怒。“和其光,同其尘”则复于质朴,喜怒不入于心,无所倚,顺遂自然而玄同于德。⑧ 不可得而贵,亦不可得而贱:去“礼”,则没有了贵贱的差异。尚礼者去其礼,复其质朴,无贵、无贱,顺遂自然而玄同于德。不为贵贱所困。

【导读】

知尚德的不用政令,用政令的不知尚德。尚仁的人应当闭塞耳目孔穴(身,生理欲望)、天门(心,心理欲望),尚义的人应当调和光芒同于尘俗,尚礼应当简省礼制的纷杂、法物的供养,这样子就深深同于尚德的人了。如此便不会局限于亲疏、利害、贵贱。因此尚德是天底下最重要的事。

“知之者弗言,言之者弗知”,甲编如此,“弗”犹“不”也。其余诸本省二“之”字,义同,当从甲编。“闭穴”“塞门”句见五十二章,此同文复出者。“和光”“同尘”“挫锐”“解纷”句又见第四章,是衍文。

第五十七章

以正之邦[①],以奇用兵[②],以无事取天下[③]。

吾何以知其然也?

夫天下多忌讳，而民弥畔④，
民多利器，而邦滋昏⑤。
人多智而奇物滋起⑥，法物滋彰，盗贼多有⑦。
是以圣人之言曰：
“我无事而民自富⑧，
我无为而民自化⑨，
我好静而民自正⑩，
我欲不欲而民自朴⑪。”

【注释】

① 以正之邦：正，正道。之，往。以正道去治邦。② 以奇用兵：奇，不得已。用，使。不得已而战时才用兵。③ 以无事取天下：无事，尚德无事。取，趣、趋。以尚德不争而往治天下。④ 夫天下多忌讳，而民弥畔：忌讳，是就“仁、义、礼”的亲疏、利害、贵贱关系而言。弥，更加。畔，分田界。因亲疏、利害、贵贱关系使民更界分。⑤ 民多利器，而邦滋昏：利器，依赖之器，指依循上位者的喜好。滋，愈。民多依循上位者喜好，邦愈陷于昏乱。⑥ 人多智而奇物滋起：智，智巧。奇，邪。人多智巧，则珍奇之物愈增长。⑦ 法物滋彰，盗贼多有：法物，礼制仪式的文饰。彰，显、盛。礼制仪式文饰愈华丽，盗贼觊觎之心就愈增加。⑧ 我无事而民自富：我尚德清静不争，民自然富足。⑨ 我无为而民自化：我尚德不私心偏为，民自然化育。⑩ 我好静而民自正：我尚德爱好清静，民自然安定。⑪ 我欲不欲而民自朴：尚德寡欲，民自然质朴。

【导读】

以清静安定前往邻邦，不得已而用兵平乱。尚德无事才可能顺势取得天下。我如何知道事情是这样的呢？天下忌讳愈多，民愈分愈细，百官（即百姓）多忌讳，受制于亲疏、利害等关系，民就多忌讳；民的依赖愈多，邦家就愈脱序。人多智巧，就产生愈多奇物，以分贵贱，愈多法物，愈多觊觎之心。所以圣人说：“我不多事，民自有福；我无为，民会自己变化起来；我爱好清静，民自己就会安定；我想要没有欲望（欲望有节制），民自会归返素朴。”

《说文解字》:“往,之也。”“之”段玉裁注:“引伸之义为往。”杨树达《词诠》释“之”:“关系内动词:往也。‘滕文公为世子,将之楚,过宋而见孟子。’《孟子·滕文公上》‘先生将何之?’又《告子下》”(杨树达:《词诠》,上海古籍出版社 2006 年版,页 161)。敦煌写本 S. 3926《老子》河上公注明言“之”指“至”,以“之,至也。”注“以正之国”,所以“之”指的是“至”。

“以无事取天下”字句上意味“趋往”,而所指的是“得”。如此,“以无事取天下”和“以正之邦”首尾相合,“正”(清静安定)对“无事”(尚德无事、不多事),“之”(至、往)对“取”(趋、容易取得),“邦”(侯王的领地)对“天下”。“以正之邦”至“以奇用兵”,从论往邦的心境当是清静安定的谈到不得已,这是由正到反的顺向运动,由“以奇用兵”到“以无事取天下”,是由不得已而用兵的处境又回到取天下的心境当是尚德无事的,这是由反到正的逆向运动,因此“以正之邦”、“以奇用兵”、“以无事取天下”三句的章法结构具有转位的美感。

“以正之邦”,甲编与帛书本同,作“之”,“之”者往也,“以正之邦”,犹“以正往邦”,“之”、“用”、“取”,皆作动词,“用”者“使”也,“取”者“治”也。《尔雅·释诂上》:“之,往也。”《玉玺》:“之,至也。”河上公注正作“至”,是《河上公本》亦作“之”。若“之”作“治”则与“取”义重,是《老子》原本作“之”也。且甲编、甲本、乙本亦作“之”,不作“治”,通行本作“治”,后人所改也。夫兵者不得已而用之,为不祥之器也,以丧礼居之。治其生为正,理其死为奇也。

通行本衍“以此”二字,甲编“夫天下多忌讳”脱“下”字,当补。甲编“畔”释作“叛”。今作“贫”,案:作“畔”者是。《说文解字》:“畔,田界也。”《经法·道法》:“故唯执〔道〕者,能上明于天之反,而中达君臣之半。…”“半”即“畔”也,是谓“分”也。“畔”、“贫”读为“元并切”,“贫”,亦分也。此谓忌讳多而民愈分,非谓民叛也。原文不误。

“人多知而奇物滋起”乙本“知”下衍“巧”字,通行本又讹“知巧”为“伎巧”。甲编“法物滋章”,通行本作“法令滋彰”。案:春秋之时所谓“法”,是言礼制之法度。“法物”乃礼制仪式之文饰。《周礼·天官·大宰》:“以八法治官府。”孙诒让正义:“法本为刑法,引申之,凡典礼文治通谓之法。”章太炎《检论》卷九《商鞅》:"法者,制度之大名,周之六官官别其守,而陈其典,以扰乂天下,是谓之法。"典礼之文饰如狩田掌旗,执珪奉璧,五色、五味、五音之养体,是所谓"物"也,此《老子》第十二章所言,败德之"物"也,盖礼制愈盛,珪璧引欲而使民为盗,是以老子曰:"夫礼者,乱之首也。"春秋之世犹且尚"礼",逮乎战国之际则尚"法"矣,故"法"由"礼制法度"之名而转称。"法律命令"之"法",秦制以吏为师、以"法"令天下。汉承秦制,故《淮南子·道应》、《史记·酷吏列传》、《后汉书·东夷传·论》引文并作"法令滋章",是改"法物"为"法令",乃时势之所然也,高明曰:"浅人所改。"是不然也。礼文饰物,正是难得之货,适足以引民为盗,礼文、盗贼相牵引而滋多,故曰"法物滋章,盗贼多有"也。

"是以",通行本作"故"义同。甲编"无事"句居首,次第与甲本、乙本、通行本不同,严遵本则"无事"句在"无为"句后,疑当从甲编"无事"、"无为"、"好静"、"不欲"之先后句。

第五十八章

其政闷闷,其民淳淳①。其政察察,其民狯狯②。

祸乎福之所倚,福乎祸之所伏③,孰知其极④?

其无正⑤,正复为奇⑥,善复为袄⑦,人之迷也,其日固久⑧。

是以方而不割⑨,廉而不刿⑩,直而不绁⑪,光而不耀⑫。

【注释】

① 其政闷闷,其民淳淳:其政,指为政者。闷闷,宽厚。淳淳,淳朴。为政者为政宽厚,民得畜养,自然淳朴。② 其政察察,其民狯狯:察察,严苛。狯狯,狡诈。为政者为政严苛,为求生存,民便狡诈。③ 祸乎福之所倚,福乎祸之所伏:倚,靠。伏,藏。人有祸患所以心生畏恐,心生畏恐所以注意行止,注意行止所以远离祸害,因此祸福是相依的。④ 孰知其极:极,中。祸福相依,所以没人知道它的中心。⑤ 其无正:正,正道,指清静安定。无正,为政者不清静安定。⑥ 正复为奇:复,又。由正道又走上邪

路，指由清静不争，又转入与天下争。⑦ 善复为祆：祆，本指天象异常，此是指人祸。由善又转为祸。⑧ 人之迷也，其日固久：人迷惑于“奇”、“祆”，已有长久时日。⑨ 方而不割：方，方正，此指言行相称的为政者而言。割，刀伤。为政者方而无所阻。⑩ 廉而不刿：廉，俭廉。刿，刺伤。为政者廉而无所伤。⑪ 直而不绁：绁，牵制纠正而拉伤。为政者直而无所牵引。⑫ 光而不耀：耀，光彩炫人。为政者光而无所伤。“方而不割”至“光而不耀”句，是指为政者不当要求别人，而应要求自己。

【导读】

执政的人宽厚民就淳朴，执政的人严苛民便狡诈。人有祸患所以心生畏恐，心生畏恐所以注意行止，注意行止所以远离祸害，因此祸福是相依的。谁知道它的中心？行于大道却无定见，走上邪路，由清静不争，转入与天下争。由正常转入异常，人已经被“奇”、“祆”迷惑很久了。方正、言行相称而不割裂；俭啬而不割伤他人；正直而不用绳索去牵引他人，要求别人正直；心中光明而不以光彩炫耀他人。

《韩非子·解老》：“人有祸则心畏恐，心畏恐则行端直，行端直则思虑熟，思虑熟则得事理，行端直则无祸害，无祸害则尽天年……故曰：祸兮福之所倚”，而以“祸本生于福”，故曰：“福兮祸之所伏。”韩非引文正同王本，“兮”帛书“呵”，郭店楚简作“乎”。然则《老子》原文作“祸乎福所倚，福乎祸所伏”。

通行本“是以”下衍“圣人”二字，《解老》、乙本并无此二字，据删。

第五十九章

治人事天莫若啬①。
夫唯啬，是以早服②，
早服是谓重积德③。
重积德则无不克④，
无不克则莫知其极⑤。

莫知其极，可以有国⑥，
有国之母，可以长久⑦。
是谓深根固柢，长生久视之道也⑧。

【注释】

① 治人事天莫若啬：啬，本意为收谷，割藏谷物者爱惜之，因此，啬字引申为爱惜。管理于人奉行于天，当以爱惜为要。② 夫唯啬，是以早服：早服，提早服从于道。爱惜，因此提早服从于道。③ 早服是谓重积德：重，累积。提早服从于道，就是说一再地累积德，使德深厚。④ 重积德则无不克：克，克服，指克服外得。累积厚实的德，就能克服外得。⑤ 无不克则莫知其极：其，指"德"。极，中，慎终如始。克服外得、慎终如始，则相忘于"德"之中。⑥ 莫知其极，可以有国：国，是指都城而言，邦之本为国，犹人之本为德，有德者相忘于"德"之中，因此可以治邦。⑦ 有国之母，可以长久：母，本。以"德"为本，以"德"治邦，可以长久。⑧ 是谓深根固柢，长生久视之道也：深根固柢，即根深柢固，亦即根扎得深，基础就很稳固。长生久视，生养长久之意。深其德，使之稳固，是长久生养之道。

【导读】

治人事天没有像俭啬那么重要的。只有俭啬，才是及早服从于道。及早服从于道就是不断地累积德。累积德就没有不能克服的，没有不能克服的就不知道极限。不知道极限的人可以有国。有治邦的根本，就可以长久。这就是深根固柢长生久视之道。

根基稳固才是长久之道，根基乃是一层层地累积德，真正有德者是不断累积德以至于忘德，这样才是"莫知其极"。只有俭啬爱惜，才可以及早服从于道，为政者要爱惜时间、人力、物力，使民以时。

"治人事天莫若啬，夫唯啬，是以早服。"乙编脱"服"字。通行本"蚤"作"早"，言早从于道而厚其德也。

第六十章

治大邦若烹小鲜①。以道莅天下,其鬼不申②,
非其鬼不申也,其申,不伤人也③。
非其申不伤人,圣人亦不伤人④。
夫两不相伤,故德交归焉⑤。

【注释】

①治大邦若烹小鲜:小鲜,小鱼。烹煮小鱼不可被打扰翻转,否则烹煮出的小鱼会太过糜烂。治邦之道也是如此。治邦的人应当尚德清静,则民自定。②以道莅天下,其鬼不申:莅,治。申,神,信。老子言:"治大邦若烹小鲜",必以正道临之。以正道临天下则鬼祟之事不申、不信。③其申,不伤人也:即使鬼祟之事申张,也不足以伤人。④圣人亦不伤人:因为圣人无弃人,所以也不伤鬼祟的人。⑤夫两不相伤,故德交归焉:两,即善者、信者与不善者、不信者。用德对待善与不善者、信与不信者,终能使其得善、得信。

【导读】

治理大邦就像烹煮小鱼,以道莅临天下,鬼祟之事不伸张,不是鬼祟之事不伸张,鬼祟之事就算是伸张了也不伤人。不是鬼祟之事伸张了不伤人,是圣人尚德不伤人。善与不善两者互不相伤,以德来对待不善者,终能得善。

帛书乙本"烹"作"亨"。"烹"、"亨"通假,《礼记·礼运》"以亨以炙",亨即烹。通行本"圣人亦不伤人",帛书甲本、乙本脱"人"字,当据通行本补。

范应元本"小鲜"作"小鳞",范云:"小鳞,小鱼也,治大国者譬若烹小鳞。夫烹小鳞者不可扰,扰之则鱼烂。治大国者当无为,为之则民伤。"

帛书甲本"神"、"申"通用,帛书乙本、通行本并无"神",按:"神"、"申"通假。"伸"、"信"通假,《荀子·天论》:"老子有见于诎,无见于信。""诎信”即“屈伸”。《孟子·告子上》:“今有无名之指,屈而不信。”信者伸也,“伸”即“申”,是老子所言“神”即言“申”,“信”也,“其鬼不神”即其鬼不申,不信也。老子言:治大邦若烹小鲜,必以正道临之。以正道临天下则鬼祟不申,不信,非仅鬼祟不信,即使相信亦不能伤人也,以正道临人非仅其申不伤人,圣人亦不伤人也。

王弼不知“神”为“申”、“信”之借,故通篇误释,言“神”与“圣人”不相伤,老子言“道”,岂有“神”、“圣”合道之理。

第六十一章

大邦者,下流也①,天下之牝②。
天下之郊也,牝恒以静胜牡③。
为其静也,故宜为下④。
大邦以下小邦,则取小邦⑤;
小邦以下大邦,则取于大邦⑥,
故或下以取,或下而取⑦。
大邦者,不过欲兼畜人⑧;
小邦者,不过欲入事人⑨。
夫皆得其欲,则大者宜为下⑩。

【注释】

① 大邦者,下流也:下流,如居水流之下。大邦应如居于水流之下,谦待万邦、清静不争。② 天下之牝:牝,生之本,即生养其民。天下治民都为生养,大邦也是如此,因此,依顺自然谦待万邦、清静不争,万邦自然归附之,犹如百川归海一般。此即第六十六章:“江海所以为百谷王,以其能为百谷下,是以能为百谷王。”③ 天下之郊也,牝恒以静胜牡:郊,古者交战于郊,所以在此释作战场。牝,在此喻“静”。牡,在此喻“动”,二十六章“静为躁君”也说静为主。人世现象,“静”为根本,人是由静而动,再由动而返静;“动”只在人世显现,“静”则更为久长,是为根本。这里是说,天

下战争的兴起，必须是为了生养其民才能为之，恒以长久的静胜过人世的动。④ 为其静也，故宜为下：静，清静。下，谦下。大邦因为顺道清静，所以自居谦下。⑤ 大邦以下小邦，则取小邦：取，趋、治。大邦以谦下待小邦，则治小邦。⑥ 小邦以下大邦，则取于大邦：取于，受治。小邦以谦下待大邦，则受治于大邦。⑦ 故或下以取，或下而取：故，是故。或下以取，有以谦下得以治小邦者，指大邦。或下而取，有以谦下受治于大邦者，指小邦。⑧ 大邦者，不过欲兼畜人：兼，兼容并蓄。畜，畜养生民。大邦以谦下待小邦，是为了畜养生民。⑨ 小邦者，不过欲入事人：事，出仕。小邦以谦下待大邦，是为了成为大邦辖地，也是为了畜养生民。⑩ 夫皆得其欲，则大者宜为下：其，指大邦与小邦。大邦与小邦以谦下相待、不动干戈，都是为了畜养生民，二者反而能够各得所欲，因此，大邦应如居于水流之下，畜天下民。

【导读】

大邦居下流，作为天下之牝。天下的战争，牝恒常因着静而胜过动，所谓“静为躁君”。就是因为是静，所以宜为下，胜不以武而以德。大邦因谦下于小邦，所以能治小邦。小邦因谦下于大邦，所以被大邦治理。所以说有的是因谦下而能治，有的因谦下而被治。大邦不过是要顺便治理小邦，小邦不过是要入它邦好去服事人。都能得到所欲所求的，则愈是大邦愈要谦让。

“天下之郊也，牝恒以静胜牡”，“郊”通“交”，帛书乙本释作“交”，非，当从甲本作郊，古者交战于郊。《孙子兵法·形篇》：“善守者，藏于九地之下，动于九天之上。”即言深不可测而以静胜动，故曰“牝恒以静胜牡”，以“牝”喻静，以“牡”喻动，第二十六章，“静为躁君”，亦言静为主也，今本“郊”作“交”，于是望文生义者出，牝牡之交，岂有胜负哉！

本章即第五十七章：“以正之邦，以奇用兵，以无事取天下。”“取”释作“趣”、“趋”，往治也。首言“以正之邦”，次言“以奇用兵”，再言“以静取天下”。

第六十二章

道者万物之主也[①]，善人之宝，不善人之所保也[②]。

美言可以市[③]，尊行可以加人[④]，人之不善，何弃之有[⑤]。

故立天子，置三卿[⑥]，虽有拱之璧以先四马[⑦]，不如坐而进此[⑧]。

古之所以贵此者何？不谓求以得，有罪以免与[⑨]！故为天下贵。

【注释】

① 道者万物之主也：主，根本。这句话是说“道”是万物的根本。② 善人之宝，不善人之所保也：宝，三宝，一曰慈，二曰俭，三曰不敢为天下先，也就是指“德”。保，养。善人尊道贵德，所以德为善人之宝，不善人所倚养。③ 美言可以市：言，政令。美言，浮夸华美的政令。市，交易。浮夸华美的政令，可以由人为交易而得。八十章：“信言不美，美言不信。”美言是人为造作而来的，不合自然，不可相信。④ 尊行可以加人：尊行，使人尊贵的外貌。加，由人所加诸。使人尊贵的外貌，可以由人为所加者。⑤ 人之不善，何弃之有：人之善与不善，是俗世的见解。世俗的美言、尊行都可因媚俗而得之，因此，没有绝弃的人。⑥ 立天子，置三卿：设立天子，设置三卿，是为了治理天下，不得已而为之，所以天子、三卿身份并不为尊，而是人为所加诸的。⑦ 拱之璧以先四马：拱之璧，两手捧抱着璧玉。先，献。四马，寻得四匹色泽相同的马以为座骑，由于色泽相同的马寻得不易，以此表示尊贵。人们对于世俗的爵位，两手捧着璧玉，献上四匹相同的马，以示其尊。⑧ 不如坐而进此：坐，指“静”。此，指“德”。进此，修德。以人为加诸尊荣，不如清静修德。⑨ 不谓求以得，有罪以免与：得，所得。罪，怨尤。古之所以贵德者，不为求取所得，只求远离怨尤而已。

【导读】

道是万物之主，善人把它当作宝贝，不善的人把它用来保养自己，有一些不善的人会勉强自己去做合道的事而使自己被保养，能避免犯罪。

美好的政令可以交易而来，尊贵的外表可以是人为所加的。哪有绝弃不善的人的道理！所以立天子，设置三卿，虽然献上璧，再献上四马，不如因而进此道。古以道为贵的原因是什么？不是为了得什么，是希望有过错可以免过错，也就是能不犯错。所以，道才是天下最宝贵的。

“奥”，主也，“奥室”即“主室”。《礼记》郑玄注：“奥，犹主也。”王本作“奥”，义同“主”，当据甲、乙本释，作“主”。“如”由“若”也，乙编，“若”多作“如”，见第四十章。

道者万物之根本，是善人之宝，是不善人能养德而免罪者，故曰：不善人之“所保”也。

“贺”，读为“加”，甲本释作“加”，是。《老子》第二章甲编曰：“天下皆知美之为美，恶矣；皆知善，此其不善矣。”美言可以市而得之，尊行可以加诸人，此皆人为也。第八十一章：“信言不美，美言不信。”美言市得人尊，又以尊行以求美言，若天子、公卿之得美言也。又以拱璧、驷马尊其行也，是合俗谓之美、谓之行，媚俗市得其尊也，皆求而得之，可以市而加诸人者。故善与不善，俗世之见也。然则人之善、不善；是合于俗、不合于俗，又何弃之有。故立天子、置三卿以为尊，俗人则以为美，而拱之璧以进，再献四马以为尊礼，俱人为之所加，而以为尊、以为美，是不知坐而守道之素朴也。古人之所以贵道者，不谓因道以求得，盖不善者因道减免其罪也。而四马之献，玉璧之奉俱民脂民膏也，重物而轻民，正盗竽之徒也。故道为天下贵，善人得之，以正之邦；不善人得之，以远罪去祸也。

第六十三章

为无为[①]；事无事[②]；味无味[③]。

大小，多少[④]，报怨以德[⑤]。

图难乎其易也，为大乎其细也[⑥]。

天下之难作于易，天下之大作于细[⑦]。

是以圣人终不为大，故能成其大[⑧]。

夫轻诺必寡信[⑨]，多易必多难[⑩]，是以圣人犹难之，故终无难[⑪]。

【注释】

① 为无为:做尚德无为的事,即第五十七章“我无为而民自化”。② 事无事:做尚德无事的事,即第五十七章“我无事而民自富”。③ 味无味:味无味的事,此以“味”代“音”、“味”、“色”之欲。即第五十七章“我欲不欲而民自朴”。④ 大小,多少:大小,指“仁、义”而言。多少,指“财货”而言。⑤ 报怨以德:对于因“仁”、“义”、“礼”所产生亲疏、利害、贵贱之怨尤,也以“德”待之。⑥ 图难乎其易也,为大乎其细也:图,求。乎,于,系于。凡事以德行之,想要成就难的,关键系于它容易的地方;想要成就大的,关键系于它细小的地方。⑦ 天下之难作于易,天下之大作于细:作,起、始。“天下之难作于易,天下之大作于细”,即第六十四章:“合抱之木,生于豪末。九成之台,作于累土,百仞之高,始于足下。”又如同前述,难成于易,大成于细。由微小处得知“道理”之所在。⑧ 是以圣人终不为大,故能成其大:是以,因此。终,始终。圣人自始至终都不自以为大,反而因为顺应自然之道而成其大。⑨ 夫轻诺必寡信:轻,轻易。诺,承诺,应允。寡,薄、少。多,过度。犹,仍然。轻言许诺者,不明其细,所以必寡其信。⑩ 多易必多难:重积许多易事,不明其细,所以必多难。所谓“难易之相成也”,“九成之台,作于垒土”。⑪ 是以圣人犹难之,故终无难:是以,因此。圣人明其细,所以重然诺,以易为难,慎终如始,所以终无难。

【导读】

做尚德无为的事,做尚德无事的事;品味尚德自然的滋味。从小处开始来做大事,从少量开始来处理大量,用德来回报怨。从易着手处开始处理难事,从细微处开始处理大事。天底下的难事都是易事不处理累积而来的,天底下的大事都是从小事开始的。所以圣人永远不把自己当作大的,而能成就他的大。轻易许诺必少有信实,累积易事就会成为难事,所以虽然圣人把事情看得很困难,把承诺看得很重,他却因此不遭遇困难。

甲编与甲本、乙本相较:“大小”下脱五十字,而甲编又讹“之”字,实缺五十一字。甲编竹简每简长三十二点三公分,每简书写二十四字到二十八字不等,疑此五十字为两简,读者漏此二简文字,而书者遂漏写此五十字。又衍一“之”字,遂成“大小之多易必多难”,义不可解,故当据甲本、乙本补。“故终无难”甲本、乙本衍“于”字，通行本衍“矣”字，据甲编删。

第六十四章

其安，易持也①；
其未兆，易谋也②；
其脆，易畔也③；
其几，易散也④。
为之于其未有也⑤，治之于其未乱也⑥。
合抱之木，生于豪末⑦；
九成之台，作于累土⑧；
百仞之高，始于足下⑨。
为之者败之⑩，执之者失之⑪，
圣人无为故无败，无执故无失⑫。
临事之纪，慎终如始，则无败事矣⑬。
人之败也，恒于其且成也败之⑭。
是以圣人欲不欲，不贵难得之货⑮；
教不教，复众人之所过⑯。
是以能辅万物之自然，而不敢为⑰。

【注释】

① 其安，易持也：安，定。持，把持。局面安定时容易持守。② 其未兆，易谋也：兆，迹象，征兆。谋，图谋，管理。事变没有征兆时易于管理。③ 其脆，易畔也：脆，软。畔，分，分田界。事物脆软时容易分裂。④ 其几，易散也：几，微。散，散失。事物微小时易于散失。⑤ 为之于其未有也：为，作为。在事情还没发生前便先行作为处置。⑥ 治之于其未乱也：治，防范。在祸乱还没发生前便先行防范。⑦ 合抱之木，生于豪末：合抱之木，须用双手环绕才能抱住的树木，即大木。豪末，猪毛，俗作“毫末”，此指细微之处。可以双手合抱的大木，是由细小而萌芽生成的。⑧ 九成

之台,作于累土:成,重。九成之台,垒土九层,以作高台。作,起、始。九成之台,是由泥土累迭而来的。⑨ 百仞之高,始于足下:百仞之高,通行本作“千里之行”,误。据“合抱之木,生于豪末”及“九成之台,作于累土”二句,都是由下而上,所说的是纵向,而“千里之行”,是说横向,不合,所以应为“百仞之高”。仞,一仞七尺。百仞之高,是由足下积累开始。“其安,易持也”至“百仞之高,始于足下”句,都是说凡事由小而大,这是依道而行。⑩ 为之者败之:为之者,指尚仁、尚义、尚礼者。尚仁、尚义、尚礼者,为之而败德。⑪ 执之者失之:执,持。执之者,指尚仁、尚义、尚礼者,执亲疏、利害、贵贱而失德。⑫ 圣人无为故无败,无执故无失:圣人尚德无为,不以私心作为,所以不败德,不以私心贪得,所以不失德。⑬ 临事之纪,慎终如始,则无败事矣:纪,纲要。面对事情的纲要处,终始如一,那么就没有败事。⑭ 人之败也,恒于其且成也败之:恒,常。人之所以败,常是在将要成功的时候,不能持着初始时朴实的心,意动而为,因此而败。⑮ 是以圣人欲不欲,不贵难得之货:欲不欲,欲求己所不欲,即素朴寡欲,是指“尚德”而言。不贵难得之货,不以难得之财货为贵,即不受外物影响,此指“礼”而言。⑯ 教不教,复众人之所过:教不教,教以不言之教,即不以政令为教,此为“尚德”。复,返、回复。过,经过,指素朴。圣人不以政令为教,使己返回素朴如众庶。⑰ 是以能辅万物之自然,而不敢为:辅,依顺。为,意动而为、私自偏为。圣人依顺自然,普及而不敢私自偏为。

【导读】

静止的,容易把握。尚未有兆头的,容易计划。柔软的,容易分割。微细的,容易溃散。在尚未有事时采取行动。在尚未混乱前建立秩序。最大的树木,生于极小的幼芽。最大最高的台,起始于一堆的土。百仞之高,始于足下。

尚仁、尚义、尚礼为之,所以败德,执亲疏、利害、贵贱为之,所以失德。所以圣人尚德无为,因此不败德。自然无执,因此不失德。处事的规则如果是慎终如始,就不会败了事。所以圣人希望自己少有欲望,不以难得的货品为贵。他以不言为教,回复到众人的素朴。因此圣人能依顺万物之自然而不敢偏离而行。

严遵《道德指归论》:“九重之台,广大拟于丘陵。”九成之台是既高且大的。“合抱之木”、“九成之台”、“百仞之高”取象由小而大,都具有由下而上的方向性,但是“合抱之木”的重点是大,“百仞之高”的重点是高,“九成之台”是由大到高的过渡。

“是以圣人能辅万物之自然,而弗敢为”是说圣人顺着万物之自然,选择服从于道而不凭私意妄为。《老子》第十二章:“圣人之治也,为腹而不为目,故去彼而取此。”要为腹还是为目乃是一个非去即取的选择。“为腹”与“为目”只能二选一,“能辅万物之自然”与“敢为”也是,敢于凭私意而为就不能辅万物之自然,也就是不选择顺道而动,“辅”的意思是依,《大戴礼记·四代》:“巧匠辅绳而斫。”孔广森《大戴礼记补注》:“辅,依也。”“辅”是依顺着道的行为,也就是遵守万物之自然而不凭私意妄为。

甲编本自为一章,与下一节不相连。丙编亦下一节自成一章,故《老子》原文当是分别此六十四章为二。

范应元本“易判”注曰:“王弼、司马公,同古本。”是王本原作“判”,今本讹作“泮”。甲编作“畔”,释作“判”,甲本作“破”。按“畔”从“半”,分也,《说文解字》:“畔,田界也。”段注:“一夫百亩,则畔为百亩之界也。”《经法·道法》:“故唯执〔道〕者,能上明于天之反,而中达君臣之半……”“半”、“反”互文,《庄子·秋水》:“是谓反衍。”释文:“本亦作畔衍。”“半”、“反”并释作“分”,半,物中分也,甲本引申为破,是甲编“畔”乃“半”之借字,当释作“半”,分也,而王本“判”,亦“半”之借也,今从甲编作“畔”。

“其几,易散也”,《说文解字》:“几,微也。”甲本、通行本“几”并作“微”,义同,当据甲编作“几”。言其微易散也。

“为之于其亡有也,治之于其未乱也”,当据下句例及甲本改“亡”为“未”。

“九成之台”,甲编、甲本、乙本作“成”而范应元本同,是范所见王本作“成”,而今通行本改作“层”,帛书亦释作“层”。成,重也,当据甲编作“成”。《吕氏春秋·音初》:“为之九成之台。”高诱注:“成,犹重。”《尔雅·释丘》:“成为敦丘,再为陶丘。”郭朴注:“成,犹重也。”此云:“垒土九重,以作高台。”非九层之台也。且《吕氏春秋》亦作“成”,是古本作“成”,作“层”

者非也。“垒”通“瘰”,累也。

“百仞之高”甲本、严遵本、遂州本、敦煌辛本同,并作“百仞”,乙本坏作“千仞”,王本讹作“千里”。马叙伦《校诂》曰:“馆本作百仞之高,起于足下,卷子成疏‘千里’作‘百仞’,上有‘而’字。成疏曰:‘河上作千里,此言百仞’七尺曰仞,言远亦得称切,然古书言仞,皆属高,疑九层句盖有作‘百仞’者,传写乃以误易‘千里’耳。”马说是,当据甲本作“百仞之高,始于足下”。作“千里”是讹误者也。

甲编:“执之者远之”,“远”,丙编、甲本、乙本、通行本并作“失”,当从丙编作“失”,依文例“为之者败之,圣人无为故无败”,“执者失之、圣人无执故无失”,作“远”者误也。丙篇“□□□”当据补“无失也”三字,又“圣人”上脱“是以”二字。

甲编:“临事之纪,慎终如始。”“纪”者极也,言终始如一,语意完备,丙编脱“临事之纪”四字,当据甲编补,甲本衍“故”,乙本衍“故曰”,并据删。“慎”:甲编作“誓”,丙编作“新”,甲编借“新”作“尘”,见通行本第五十六章“同其尘”之“尘”。是“誓”、“新”、“尘”、“慎”,通假。又甲编“此无败事矣”,下当据丙编补“人之败也,恒于其且成也败之”十二字。甲本、乙本、通行本在“慎终如始”前,又“人之败也”作“民之从事也”,“恒于其且成也败之”,甲本作“恒于其成事而败之”,乙本作“恒于其成而败之”,通行本“常于几成而败之”。甲本、乙本、王本并误,此句乃言“人之败,不能慎终如始”,因误置于前,与前文相扞格,故改“人之败也”为“民之从事也”,以免偏举。当补正为:“临事之纪,慎终如始,则无败事矣,人之败也,恒于其且成也败之。”文从字顺,甲、乙本、王本并误也。

“是以圣人欲不欲”,甲编脱“是以”,丙编缺“圣”字,当补。

“学”本作“斅”,教也,故当据甲编作“教”。“能辅万物之自然,而不敢为”,甲编“能”上衍“圣人”二字,“敢”讹作“能”。

第六十五章

古之为道者，非以明民也，将以愚之也①。

夫民之难治也，以其智也②。

故以智治邦，邦之贼也③；以不智治邦，邦之德也④。

恒知此两者，亦稽式也⑤；恒知稽式，是谓玄德⑥。

玄德深矣！远矣！与物反也，乃至大顺⑦。

【注释】

① 非以明民也，将以愚之也：明，清明，非欲使民清明。是使民清明，学之唯艰；使民素朴，行之易也。愚，敦厚纯朴之意。将以愚之，即复民于素朴。② 夫民之难治也，以其智也：智，智巧。因“智”而“辨、为、作、巧、利”并起，则民将难以治理，即第十八章“智慧出，安有大伪”。③ 故以智治邦，邦之贼也：贼，败。上位者，以“智”来治理邦家，则民将多有智巧，治理邦家而败邦家之德。④ 以不智治邦，邦之德也：上位者以素厚纯朴治理邦家，则人民素朴，邦家之德丰长。⑤ 恒知此两者，亦稽式也：此两者，为“以智治邦，邦之贼”、“以不智治邦，邦之德”。稽式，法式、准则。⑥ 恒知稽式，是谓玄德：玄德，深德。知道两者之理，即知“德”的深厚。⑦ 玄德深矣！远矣！与物反也，乃至大顺：反，返。玄德的深远，是与物同返回自然，以致顺于大道。

【导读】

古代从事于道的人，不是要民清明，而是要民淳朴。民难治是因为智巧。所以用智巧治邦的，乃是败邦德的人；不用智巧治邦的，乃是邦的福德。真正清楚这两件事的，可以考察作为一个模式。对于这个模式一直都很明白，就叫作深德。知道“以智治邦，邦之贼”、“以不智治邦，邦之德”这个道理而奉行着道，乃是深德。深德好深远啊！和万物返回于道，顺于大道回到厚德。

甲本“故曰”误，当据乙本改作“古之”，王本“古之”下衍一“善”字。

“以其智”下通行本衍“多”字。

《老子》第十八章：“智慧出，安有大伪。”老子反“智”，是反因“智”而伪，伪则难治。《老子》第十九章甲编：“绝智弃辨，民利百倍，绝伪弃作，民复孝慈，绝巧弃利，盗贼无有。”是因“智”而“辨、巧、利、为、作”并起，唯复民于淳朴，故曰“愚之”。王弼注：“愚，谓无知守真，顺自然也。”《老子》第二十章乙本：“我愚人之心也，湷湷呵。”湷湷即沌沌，字并从屯。《国语·晋语四》司空季子曰：“文武具，厚之至也，故曰屯。”韦昭注：“屯，厚也。”朱骏声《通训定声》：“屯假借为惇。”“惇”、“敦”、“淳”、“醇”、“纯”并得通假，甲本“惷”，乙本“湷”，王本“沌”，并为“敦厚纯朴”之意，此老子所谓“愚”，是指“屯厚”，“纯朴”，故第十九章曰：“视素保朴。”然则“非以明民也，将以愚之”是言非用“智”以启民也，将用“朴”与之也。

“稽式”：严遵本、河上公本作“楷式”。《荀子·儒效》：“千举万变，其道一也，是大儒之稽也。”《经法·道法》：“无私者，至知者为天下稽。”是法式、准则也，此两者，指“以智治邦，邦之贼”，“以不智治邦，邦之德”。知此稽式，是为玄德，“玄德”即深德。深矣，远矣乃与物返乎自然也。

第六十六章

江海所以为百谷王，以其能为百谷下，是以能为百谷王①。

圣人之在民前也，以身后之②；

其在民上也，以言下之③。

其在民上也，民不厚也④；

其在民前也，民不害也⑤，

天下乐进而不厌⑥。

以其不争也，故天下莫能与之争⑦。

【注释】

① 江海所以为百谷王，以其能为百谷下，是以能为百谷王：因江海位于低下处，百川皆归纳于海，所以成为百谷之所往。第八章“尚善如水，水

善利物，而又争居众人之所恶，故几于道矣"，也就是说圣人有利物谦下之德，尚德如谷。② 圣人之在民前也，以身后之：圣人之所以居于民前，是因为置身于民之后，以民为先的缘故。③ 其在民上也，以言下之：圣人之所以处于上位，是因为以政令为下，不以政令治天下、尚德无为所以为民上。圣人也像江海居下，所以百官信服之，天下莫能与之争。④ 其在民上也，民不厚也：圣人治理人民，能顺应万物的自然，不扰民，所以民既不厚也不阻。⑤ 民不害也：害，阻。⑥ 天下乐进而不厌：天下，"天下之人"的省略语。天下的人如百川自然归纳于其下，乐于受治而不厌弃之。⑦ 以其不争也，故天下莫能与之争：因圣人的不争、愿居于低下，如江海的纳垢，使民得其所养，所以天下没有与之争者。

【导读】

江海之所以为百谷之王，是因为它居百谷谷水之下，所以能作为百谷之所往。圣人之所以在民之前，是因为他以自己为后，不以自己为中心，不敢为天下先。之所以在民之上，是因为他以政令为下，少用政令，谨慎地用政令。他虽在民之上，他们不增益他。他虽在民之前，他们不阻碍他。天下的人民都乐于他前进而不压迫他，由于他不争，所以无人能与他相争。

"以言下'之'"与"以身后'之'"的"之"字都是虚字，是表决定之词。（王叔岷：《古书虚字新义》，台北：联经出版公司 1985 年版，页 111：高诱《吕氏春秋》注序："子不知也。吾门待子门大而大之。"《史记·吕不韦列传》下句作"吾门待子门而大耳。"〔"耳"字据《太平御览》卷一八二引补。〕之与耳同义，表决定之词。）"以身后之"是指圣人以身为后，"以言下之"是指圣人"以言为下"，"以言为下"就是以政令为下。《老子》第二十三章"希言，自然"，少用政令方能合于自然。

"其在民上也，以言下之。其在民上也，民不厚也"，"厚"字表示"增益"，《国语·晋语一》"彼得其情以厚其欲"，韦昭注："厚，益也。"统治者以政令为下，顺守自然，民效法他，所以不增益他，"太上，下知有之；其次，亲誉之"（《老子》第十七章），好的为政者因尚德而能不拘于亲疏，所以民"不可得而亲，亦不可得而疏"（《老子》第五十六章）。

《老子》第七十四章“厌其所生”，“其”指民，而《老子》第六十六章“天下乐进而弗厌”，“弗厌”的对象乃是上位者，对象虽异，所论则同。王弼注：“民不堪其威，则上下大溃。”压其所生，将会导致上下大溃。上位者压迫民，导致上下大溃，于是本来的上位者也会受到压迫。

“江海所以为百谷王”，甲编如此，帛书甲本、通行本“王”下有“者”字，义同，疑后加“者”字。“以其能为百谷下”，帛书甲本、乙本、通行本并作“以其善下之”，乙本“之”下多“也”字，亦后人所改易者。本章甲编简明，而帛书本、通行本改易者颇多，不如甲编之明确也，甲编“圣人之在民前也，以身后之；其在民上也，以下言之。其在民上也，民弗厚也；其在民前，民弗害也”流畅明快，不似三本之琐碎杂沓，今从甲编。

第六十七章

天下皆谓我大，大而不肖①。
夫唯大，故不肖。若肖，其细久矣②。
我恒有三宝，持而宝之③。
一曰慈，二曰俭，三曰不敢为天下先④。
夫慈，故能勇；
俭，故能广；
不敢为天下先，故能为成器长⑤。
今舍其慈，且勇；
舍其俭，且广；
舍其后，且先，
则必死矣⑥。
夫慈，以战则胜，以守则固⑦。
天将建之，如以慈垣之⑧。

【注释】

① 天下皆谓我大，大而不肖：肖，似也，像也，像一定之形象。天下之

人皆言我尚德，尚德所以广大，不似任何具象事物。② 夫唯大，故不肖。若肖，其细久矣：正因尚德，尊道之广大无形，因此不似任何具象事物，若有似物，它便显得渺小了。四十章“大象无形”，即言极大之形象乃是无形，道之广大亦是如此，故而不肖。其细久矣，“其久细”的倒装，其久则细矣。此言无形始能成其大，大而有形，久则细小，消失，无形才能大，有形则细，无法究其大。③ 我恒有三宝，持而宝之：三宝，此“宝”为名词，指“慈”、“俭”、“不敢为天下先”，此三宝乃“德”的具体显现。持而宝之，此“宝”，乃珍贵、宝贵之意。④ 一曰慈，二曰俭，三曰不敢为天下先：有三件修德之宝，分别为“慈”、“俭”、“不敢为天下先”。慈，慈爱，以慈爱之心待人。俭，俭啬，以俭啬之行修己也，即第五十九章“治人事天莫若啬”。不敢为天下先，不偏私己欲，将自己之益置于天下人之前。⑤ 夫慈，故能勇；俭，故能广；不敢为天下先，故能为成器长：有慈爱之心，所以能勇于任事。成器长，器长，即官长，指成为某一方面事物之长。持守着慈爱以待民；持守着俭啬以自奉，则会因施爱畜养民生而广厚；不敢偏私己欲，置天下之益于己后，因此，天下服之，故为天下领导之长。第六十六章：“江海所以为百谷王，以其能为百谷下……以其不争也。”⑥ 今舍其慈，且勇；舍其俭，且广；舍其后，且先，则必死矣：舍，舍弃。死，灭亡。行事当持守三宝，而俗君乃舍弃慈爱、俭啬、居后，去表现勇武，若不俭欲广则荡，放荡必亡，与民争先，枉顾畜德治民，难得民心，亦必走向灭亡。⑦ 夫慈，以战则胜，以守则固：用慈爱心对待征战之士兵，将得其心全力迎战而战事得以获胜；用慈爱心对待守卫之士兵，亦将得其心全力防范而家邦得以巩固。⑧ 天将建之，如以慈垣之：建，建立、树立。垣，援也，围绕。“慈”乃生生之德，顺应自然而建立，就如同以“慈”环绕一般。

【导读】

天下人都说我大，大所以不像任何事物，像任何事物的话，久了就慢慢地消失了。我恒有三宝，持守以为宝。一是以慈爱待人，二是以俭自奉，三是顺自然不敢为天下先。以慈爱待人，所以勇敢。俭以自奉养廉，心就宽广。顺自然尚德不敢为天下先，所以能做某一方面的长官。没有慈的勇力，不过是好勇斗狠罢了。没有自奉俭的广博，不过是浪费罢了。

居民前却不以自身为后，是不顺自然，这样子是必死的。为了慈民而战，攻无不克，必能固守所守护的。天将要建立的人，就是这种以慈环绕着攻守进退的人。

帛书甲本“之”上脱“持而葆”三字，“葆”，六十二章帛书本作“琛”，本章甲本作“葆”，乙本作“琛”，皆“宝”或“保”之借字也，而今通行本作“保”。

“夫慈，故能勇。”通行本注：“夫慈。以陈则胜。”范应元本亦有“夫”，是王本原有“夫”字，当据注补。

二十八章：“朴散则为器，圣人用之则为官长。”据此，当作“成器长”，与帛书乙本同。甲本作“成事长”。然则帛书甲本“事”当作“器”。

帛书甲本“则必死矣”，帛书乙本脱“必”字，通行本脱“则必”，当据帛书甲本补。“天将建之”，“建”，通行本讹作“救”，当据帛书甲本、乙本改作“建”。“垣”通行本作“卫”。《释名·释宫室》：“垣，援也。人可以依阻以为援卫也。”“垣”、“卫”义通，当据帛书甲本作“垣”。

第六十八章

善为士者不武①，善战者不怒②，善胜敌者不与③，善用人者为之下④。是谓不争之德⑤，是谓用人⑥，是谓配天⑦，古之极也⑧。

【注释】

① 善为士者不武：为，用也。士，春秋时，凡诸侯之下，辅佐大夫者称士。不武，大夫用兵，不以武力屈人。② 善战者不怒：不怒，主静。不得已而战则主静，以静制动。第六十一章：“天下之郊也，牝恒以静胜牡。”静能胜动。③ 善胜敌者不与：不与，不居功也。胜敌之后不敢为之主而为客。④ 善用人者为之下：下，谦下。因敌而用人则以谦下。⑤ 是谓不争之德：此即不争之德性的彰显。此谓不争之德，乃表现于前述“善为士者不武，善战者不怒，善胜敌者不与，善用人者为之下”。第六十六章：“江海所以为百谷王，以其能为百谷下，是以能为百谷王”，“以其不争，故天下莫能与之争”是也。⑥ 是谓用人：拥有不与民争之德，便是善于用人。⑦ 是

谓配天：配，合也。配天，此即合于自然。⑧ 古之极也：极，中也。此乃治人恒常不变合于道之自然准则。

【导读】

善用士的大夫不以武力强于天下，善战的大夫不忿怒，善胜敌的大夫不参与作战，善于用人的大夫是把人推于自己之上。这叫作不争之德，叫作用人之道，叫作配合天合于自然，是自古以来的准则。

第六十九章

用兵有言曰①：

“吾不敢为主而为客②，吾不敢进寸而退尺③。”

是谓行无行④；攘无臂⑤；执无兵⑥；扔无敌⑦。

祸莫大于无敌⑧，无敌则近亡吾宝矣⑨。

故称兵相若，则哀者胜矣⑩。

【注释】

① 用兵有言曰：用兵，即用兵者。有言，留下来之古语。“用兵有言曰”，乃指“吾不敢为主而为客，吾不敢进寸而退尺”两语为古代用兵者所留古语。② 吾不敢为主而为客：客，谦下。在上位者以民为先，知战事将祸民，所以不主动兴征伐，在不得已之情势下，方动兵戎，所谓“以奇用兵”。③ 吾不敢进寸而退尺：“不敢进寸而退尺”当释为“不敢退尺而进寸”。在上位者，宁可退而止息兵乱，使民免于战乱恐惧，即便迎击敌兵，亦不以兵强于天下，所谓“止戈为武”。④ 行无行：行，陈列、行阵。无，无可，不需要。行无行即无行行，不需要陈列行阵。⑤ 攘无臂：攘，举也，伸出。攘无臂即无攘臂，不需要举臂。⑥ 执无兵：执，持也，持握。执无兵即无执兵，不需要持握兵器。⑦ 扔无敌：扔，牵也，引也。敌，对敌、树敌。扔无敌即无扔敌，不需要对敌。“行无行；攘无臂；执无兵；扔无敌”是说，为政者尚德清静不争，没有战争，故无树敌，因此不需要行、臂、兵。⑧ 祸

莫大于无敌：无敌，无可匹敌。最大的祸端是自矜自大而认为无可匹敌者。⑨ 无敌则近亡吾宝矣：近，幾也。亡，丧失。宝，德也指三宝“慈”、“俭”、“不敢为天下先”。自认无敌，意动而为，则几近丧失了“德”。⑩ 故称兵相若，则哀者胜矣：称，秤也。若，当也。哀，哀慈谦退者，即不欲战争者。称兵相若，兵力相等。兵力相等时，不欲战者，不入死地，因此得胜。

【导读】

用兵的人这样说：“我不敢自以为是，不主动发动战争。但是我也不敢进得少退得多，不得已用兵，该做的都会做。”这就是说最好没有陈列兵阵，手臂伸出来无物可提，没有敌人可以牵引。祸莫大于自以为无匹敌，自以为无敌就是以自己为天下第一，怀着这种想法就差不多亡德了，所以兵力相当的时候，不主动的才会赢。

帛书甲本“进寸而退尺”上脱“敢”字。“祸莫大于无敌”，“大”讹作“于”，“吾宝矣”上衍一“吾”字。通行本“用兵有言曰”脱“曰”字，是宋，王本有“曰”字，今通行本夺。“乃”作“扔”，“近”作“几”。

“祸莫大于无敌”，无敌近亡吾宝，王弼注：“言吾哀慈谦退，非欲以取强无敌于天下也，不得已而卒至于无敌，斯乃吾之所以为大祸也。”而今本改“无敌”为“轻敌”，然范应元本亦作“轻敌”，是自宋以来，已改王本为“轻敌”矣，今据帛书甲本、乙本，当改作“无敌”。《孟子·告子下》：“入则无法家拂士，出则无敌国外患也，国恒亡。”作“敌国”是也。《老子》“国”作“邦”，无敌邦则邦亡，亡邦则近乎亡吾宝，亡吾道也。

“称兵相若，则哀者胜矣”，“伐兵攻城”，此孙武以为下策者，若不得已而称兵也；则哀者胜，王弼注：“抗，举也。若，当也。哀者必相惜而不趋利避害，故必胜。”通行本“称”作“抗”义同。“若”，今通行本作“加”，是后人所改者，据王注及帛书本则王本原作“若”。

第七十章

吾言甚易知也，甚易行也①；而人莫之能知也，而莫之能行也②。

夫言有宗，事有君③，夫唯无知也，是以不我知④。

知我者希，则我贵矣⑤，是以圣人被褐而怀石⑥。

【注释】

① 吾言甚易知也，甚易行也：老子说自己所说的，相当易于了解、易于实行。② 人莫之能知也，莫之能行也：之，指老子所言。“莫之能知，莫之能行”为“莫能知之，莫能行之”之倒装。而世俗之人无法知其言，无法实行。③ 夫言有宗，事有君：宗、君，皆为“主”也。宗，言之主；君，事之主。老子所言论、行事，皆有所主，是依循于“道”，而顺应于“德”。④ 夫唯无知也，是以不我知：“无知”，指不知“德”。“是以不我知”，即“是以不知我”之倒装句。老子说自己所说的易于知易于行，而人们却不能知、不能行，是世俗之人无知于“德”，所以不知老子所言。⑤ 知我者希，则我贵矣：希，稀少。贵，可贵。老子依道而言行，世俗之人不知其道，所以知其者少，此更显道之可贵。⑥ 是以圣人被褐而怀石：是以，因此。被褐，身着粗衣。怀石，内在涵“德”。圣人外在朴实，内心藏德。因此圣人与俗人同尘无异，而内心怀德。各本皆作“怀玉”，据三十九章“不欲球球若玉”，而欲“硌硌若石”，是当作“怀石”。

【导读】

我说的话很好了解也很容易做到；但是人们却不能了解也不能奉行。我说话有宗旨，事有主干，只有无知的人，才会不了解我。了解我的人少，我就很宝贵，所以圣人才会披褐而怀石。

“吾言甚易知”，乙本脱“甚”字，当据甲本补，甲本“人莫之能知也”，范应元曰：“傅奕同古本。”是范、傅本作“人”，而乙本、通行本作“天下”，两者义同，今从甲本。“莫”下有“之”字，通行本夺，是后人所删，当据甲本、乙本补。甲本“言有君，事有宗”，乙本作“夫言有宗，事有君”，通行本同乙本，唯缺“夫”字；“宗”“君”并可释作“主”，然言事则以“君主”为当，故从乙本作“夫言有宗，事有君”，与《淮南子·道应》引同。乙本“知者希”，“知”下脱“我”字，应据通行本补。

第七十一章

知不知，上矣①；不知知，病矣②。

是以圣人之不病，以其病病也，是以不病③。

【注释】

① 知不知，上矣："不知"，为"己有所不知"之省。知晓自己有所不知是最好的。② 不知知，病矣：病，大忧患。不知知，不知而以为知。不知晓自己有所不知，反而以为知，则陷于忧患。③ 是以圣人之不病，以其病病也，是以不病：不病，不陷于大忧患。病病，忧心自身陷于大忧患。圣人之所以不陷入大忧患，是因为知"不知知"为"知"之患，常忧己陷入而不自知，故反能不陷其境。圣人恐己有以"不知"为"知"之病，常忧此病，是以不病也。

【导读】

知道自己的不知是最好的，把“不知”当作“知”是大病。所以圣人没有大病是因为他怕自己有重大的缺失，因此就没有大病了。

甲本“不知不知”衍下“不”字。当据乙本改作“不知知”。通行本“尚”作“上”，“上”、“尚”通假，见第三十八章，今通行本本章句尾虚字全删，殆非原貌也，当据乙本补。

第七十二章

民之不畏威，则大威将至矣①。

勿狭其所居，勿压其所生②。

夫唯不压也，是以不厌[3]。

是以圣人自知而不自见也[4]，自爱而不自贵也[5]。故去彼取此[6]。

【注释】

① 民之不畏威，则大威将至矣：威，戚也，雕绘之斧，此指刑罚。四十章中，“大音希声”犹“天音希声”，“大象无形”犹“天象无形”，因此，“大威”犹“天威”，自然的处罚。第七十六章中“民恒且不畏死”，是因为政者不慈，使民入于死地，所以不畏死，本章“民之不畏威”亦同。民若不惧君怒，表示君犯民怨，使民抗之，至此，天罚相随，君位易主。② 勿狭其所居，勿压其所生：狭、压，压迫。不要压迫民之居住与生存空间。民无所可居，无以生，故大祸将至。③ 夫唯不压也，是以不厌：为政者治民以慈只有不压迫民，民才不厌恶，不反抗上位者。④ 圣人自知而不自见也：知，知德之可贵。见，现也，表现。圣人应知道守德，谦下而不显扬自己。第二十二章“自见者不明”，因此，不自见则明，圣人因不自见，所以自知而明。⑤ 自爱而不自贵也：圣人慈爱待民而且不居功、不以自己为贵。即第六十九章“不敢为天下先”。⑥ 去彼取此：去“威”取“德”，亦即以德畜民，不以刑罚，则民得其所养。

【导读】

处罚到农民不在乎刑罚了的时候（如勾结官府），则天诛将至（惩为政者之不公）。不要偏狭他的居所，不要压迫他赖以为生的（如抽重税），只有不压迫他，他才可以不厌倦。因此圣人自知而不自我表现，自爱而不自以为贵。所以远离自见自贵，趋往自知自爱。

“民之不畏威”，通行本脱“之”字。“则大威将至”，今王本脱“将”字。王弼注：“天诛将至。”则王本正文原有“将”字，夺“将”字者乃后所改。“自知而不自见，自爱而不自贵”通行本脱一“而”字。

“毋”，勿也。帛书作“无”。今作“毋”者，是不同于“无”也。此言勿狭其所居，勿压其生计，食税之多而无以维生也。第七十七章：“人之饥也，以其取食税之多，是以饥。”民无所居则亡，饥则反，是戒居上位者治民以慈，以慈能固也。夫唯不压民，民不厌其上，是以乐进而不厌也。

第七十三章

勇于敢者则杀①，勇于不敢者则活②，

此两者或利或害③，天之所恶，孰知其故④？

天之道，不战而善胜⑤，不言而善应⑥，不召而自来⑦，坦而善谋⑧。

天网恢恢，疏而不失⑨。

【注释】

① 勇于敢者则杀：敢者，即不慈，指舍其慈。勇敢而舍其慈者则杀。第六十九章："夫慈，故能勇。""舍其慈，且勇……则必死矣。"② 勇于不敢者则活：不敢者，即不舍其慈。勇敢而不舍其慈则活。③ 此两者或利或害：此两者，指"勇于敢者"与"勇于不敢者"。利，依赖，指"勇于不敢则活"中的"活"之利。害，阻碍，指"勇于敢者则杀"中的"杀"之害。或利或害即或成或败，此乃不一定。④ 天之所恶，孰知其故：恶，指好恶也。故，原因。天之所恶，指天对合于自然、不合于自然的最终结果。没有人知道其原因，因为本身是自然不需要人为去解释。⑤ 不战而善胜：胜，任也，完成。为政者尚德以慈，则能得其垣卫。慈爱待民，民心自归。⑥ 不言而善应：言，政令。应，相呼应。为政者尚德不以政令，则民自善对应。⑦ 不召而自来：召，诏令。为政者尚德不以诏令，民自化。⑧ 坦而善谋：坦，坦荡即公平、公开。善谋，善于处事。自来，变化顺应自然而生。老子尚德，以慈为宝，故不战、不言、不召，则各类事物自然完成。⑨ 天网恢恢，疏而不失：恢恢，宽广。疏，稀疏。失，错失。自然之范围犹如一张宽广的网，看似稀疏，却没有错失。

【导读】

勇于没有慈爱的勇敢，将会死亡，顺着自然不敢违背的，得以存活。这两个一个赖于"慈"，一个碍于"敢"，自然界所恨恶的很难说，谁知道呢？自然之道，不经争战就胜任，不用政令就相对应，不用诏告就自成，不用谋略顺自然，顺自然是最好的谋略。天网看起来空疏，却不会有失误。

通行本“天之所恶，孰知其故”后有“是以圣人犹难之”句，奚侗云：“‘是以’一句谊与上下文不属。盖六十三章文复出于此。”马叙伦《校诂》云：“‘是以’一句，乃六十三章错简复出者，易州无此句，可证也。”奚侗、马叙伦、蒋锡昌并以此为衍，今帛书本、范应元本无此句，所以宋朝时的王弼本当无此句，今通行本此句为后人所补入者，而蒋锡昌曰：“顾本成疏于‘是以’句无疏。”此所谓顾欢本非原书，乃后人杂缀而成，因此王本“是以”句有正文而无注，今通行本则又再以河上公本注移入以为王注。是今所谓王本一变而再变矣。当据甲本、乙本删。

第七十四章

若民恒且不畏死①，奈何以杀惧之也②？
若民恒是死③，为者吾得而杀之④，夫孰敢矣⑤。
若民恒且必畏死⑥，则恒有司杀者⑦。
夫代司杀者，是代大匠斫也⑧；
夫代大匠斫者，则希不伤其手矣⑨。

【注释】

① 若民恒且不畏死：民不畏死，是因为为政者私心偏为，不以慈治民，民未得所养，为求生存，所以不畏刑罚而入于死地。此与第七十四章“民之不畏威”同。② 奈何以杀惧之也：惧之，使之惧也，恐吓其民。民因不能得其生养而不畏死，所以，为政者以杀吓民无用。③ 若民恒是死：为政者不慈，民不能得其所养，终至于死。第七十四章：“勿狭其所居，勿压其所生。”为政者若狭民所居，压民所生，则民恒死。④ 为者吾得而杀之：为者，为政者。对于置民于死地的为政者，得以杀之。⑤ 夫孰敢矣：“孰敢”之问，是警醒为政者，置民于死地，将会遭致自然之罚。⑥ 若民恒且必畏死：为政者以德畜民，使民得其所养，因此，民是有过而受刑罚，自然畏死。⑦ 则恒有司杀者：司杀者，执法者。⑧ 夫代司杀者，是代大匠斲

也：大匠，天匠，自然。斫，砍也，杀也。代替执法者，是代替自然而杀戮。⑨ 夫代大匠斲者，则希不伤其手矣：希，鲜也，少也。其，指司杀者。代替自然执法者，常因不慈而施行重罚，终而遭致天威，不保其身。

【导读】

民都不畏刑罚而入于死地的话，以刑罚杀人使民恐惧有什么用？民如果都失去活下去所需用的，可以杀死置民于死地的为政者，这样子谁敢当那种为政者。民都畏死的话，（这是由于为政者若以德畜养民，使民得其所养，有过错而才会受刑。）自有执法者来处理。代替天匠执法者，不可随己意处分民，是代替自然而杀戮。代替自然而杀戮，能大公无私却不会伤害到自己的人很少啊！

甲本："若民恒是死，则而为者吾将得而杀之"，校之乙本、王本，衍一"则"字。"而为者"，乙本、通行本为下并有"奇"字，老子以"奇"言兵，本章言"政"是以"正"言之，不当有"奇"字，第七十四章"民之不畏威，则大威将至矣"，亦就"政"而言，"为者"是指主政者，言若主政者不慈，使民恒是死，则吾将得而杀之，吾得而杀之即所谓大威将至。"大威"犹"天威"，见第七十四章，而"大匠"犹"天匠"。"夫孰敢矣"，言孰敢不畏天威而致民死地也。"若民恒且必畏死"，是广其居，乐其生，若民必因罪罚而有司者杀之，则有司杀者代天匠而为之者，宜戒慎之，盖代天匠而司杀者，不伤及自身者鲜矣。

第七十五章

人之饥也①，以其取食税之多也②，是以饥。

百姓之不治也③，以其上又以为也④，是以不治。

民之轻死⑤，以其求生之厚也⑥，是以轻死。

夫唯无以生为者⑦，是贤于贵生⑧。

【注释】

① 人之饥也：饥，饥饿。② 以其取食税之多也：以，因也。其，指为政者。食税，田租。人民之所以会饥饿，乃因为政者者取得过多田租，影响人民生计，人民因此饥饿。③ 百姓之不治也：百姓，百官，是参与政事之人。不治，难以治理。④ 以其上又以为也：以，因也。又以为，为之又为。百官之所以会难以治理，乃因在上位者以己意为务，百官因循依赖而为，导致上位者为之又为，却难有成效。⑤ 民之轻死：轻死，轻易置于死地。⑥ 以其求生之厚也：以，因也。求生之厚，亦即对于生命过分养护。民有资蓄而未循自然，过分养护生命，反而易于陷入死地。⑦ 夫唯无以生为者：无以生为者，不以养生为贵者，即顺应自然者。⑧ 是贤于贵生：贤于，胜于。贵生，以生为贵，即以养护生命为重。贵生者，往往过度养护生命，未依循自然，反而易入于死地，因此，不以养生为贵者，反较贵生者更易养护生命。

【导读】

人饥饿，是因为食税太重，所以饥饿。百官难以治理，是因为上位者干涉，为之又为，所以难以治理。农民轻易走向死地，是因为养生太过，所以轻易走向死地。不以养生为贵的人，比以自己生命为贵的人更好。

高明曰："按'民'字，唐时避太宗讳多改作'人'，唐后重刻书，又将讳字改回，此'人'字即误为唐时避讳所改，故改'人'字为'民'，因此而误。当从帛书作'人之饥也'为是。"通行本"饥"讹作"饥"，此言"其上取食税之多"，是以人饥饿，非言谷粱不熟，收成不足也，当作"饥"。

老子言"人"、"百姓"、"民"，三者指称不同。"人"泛指一般人，如第四十二章"古人之所教，亦我而教人"，第五十八章"人之迷也，其日固久"。具从普遍性而言。第五十八章"其政闷闷，其民淳淳"，第五十章"而民生生，动，皆之死地之十有三"，是指部分，能有养生之力者，其非徒隶可知。"百姓"又有别于"民"，第四十九章"圣人恒无心，以百姓之心为心"，第五章"圣人不仁，以百姓为刍狗"，第十七章"成事遂功，而百姓皆曰我自然也"。"百姓"指百官，《尚书·尧典》："平章百姓。"孔传："百姓，百官。"《国语·周语中》："昔我先王之有天下也，规方千里以为服甸，以供上帝山川百神之祀，以备百姓兆民之用。以待不庭不虞之思。”凡公卿以下从于政事者谓之百姓，后转而为议论政事者，即言国人，以别于野人者。《左传·隐公八年》：“天子建德。因生以赐姓，胙之土而命之民。”“氓”即“民”也，朱骏声《通训定声》曰：“土著者曰民，外来者曰氓。”初胙土而在地者，久之而为后来统治者视为土著，凡归顺于统治者之土著谓之民，故得有生养之资。“百姓”乃“百官”，是参与政事之人。“人”则泛指一般人，包括民及氓、徒隶等人。

通行本“人”、“百姓”、“民”不分，并作“民”，又“取”，改作“上”，并误。本章可参第五十章、六十五章观之。

第七十六章

人之生也柔弱①，其死也筋肕坚强②；

草木之生也柔脆③，其死也枯槁④。

故曰：“坚强者死之徒也⑤，柔弱者生之徒也⑥。”

兵强则不胜⑦，木强则烘⑧。

强大居下，柔弱居上⑨。

【注释】

① 人之生也柔弱：柔弱，骨弱筋柔。人出生时筋骨柔弱，乃是与生俱来，此指顺应自然。② 其死也筋肕坚强：肕，韧也。坚强，坚僵。人于死亡之际，筋韧僵硬，此指未循自然。③ 草木之生也柔脆：草木初生之时柔软脆弱，乃是与生俱来，此指顺应自然。④ 其死也枯槁：其，指草木。草木死亡之际，干枯凋萎。“人之生也柔弱”至“其死也枯槁”句，言及人与草木同，皆为生时柔弱，死时坚僵，乃是指涉凡事应当依循自然。⑤ 坚强者死之徒也：走向死亡的，是属于坚僵的一类。⑥ 柔弱者生之徒也：不以私心偏为，而依循自然之柔者，乃属于畜养生命一类。⑦ 兵强则不胜：兵，用兵。强，强取以兵强取，不可长保，故曰“不胜”。⑧ 木强则烘：强，高大厚实。烘，伐木而为材薪，烧之于竈。树木一旦高大厚实，便易为樵人所

伐,以为材薪,置入竈中焚烧。⑨ 强大居下,柔弱居上:强大者乃因趋向死亡,所以为下。柔弱者乃因生生不息,所以为上。

【导读】

人一生下来就是柔弱的,一旦死了筋骨肕带就都僵了。草木初生时柔软,死的则是干枯的。所以说:"坚硬僵直的是走向死亡的一类,柔弱的是走向生的一类。"兵强于天下就不能胜,木高大就被砍伐焚烧。强大的居下,柔弱的居上。

"其死也筋肕坚强"。王本缺"筋肕"二字,当据甲本、乙本补。"肕"今作"韧",柔韧也。故曰,王本"故"下脱"曰"字。"草木之生"上衍"万物"二字,当删。"木强则烘",王本作"兵",河上公本、范应元本作"共",是"烘"坏字而讹作"共",又讹"共"为"兵"也。"居"、"处"通。然《老子》原文作"居"不作"处",见郭店竹简三编可知。甲本"柔弱系为生之徒也",衍"细微"二字,当据乙本删,"柔弱"及五十五章甲编"骨弱筋柔之谓也",故不当有"细微"二字。

"坚强者死之徒,柔弱者生之徒也",《文子·道应》、《淮南子·原道》、《说苑·敬慎》、《列子·黄帝》引文及王本并有二"者"字,疑当补此二"者"字,唯有无此二字,义无别。

"木强则烘",各家或误为"木强则折"、"木强则兵",傅奕本作"木强则共","共"即"烘"之坏字,是原文亦当作"木强则烘"。

第七十七章

天之道,犹张弓也①,
高者抑之,下者举之②;
有余者损之,不足者补之③。
故天之道,损有余而益不足④;
人之道,损不足而奉有余⑤。
孰能有余而有以取奉于天者乎?唯有道者乎⑥!
是以圣人为而不有⑦,成功而不居也⑧,若此⑨。其不欲见贤也⑩。

【注释】

① 天之道,犹张弓也:张弓,拉开弓弦。自然的道理,如同拉开弓弦一般。② 高者抑之,下者举之:抑,压也。举,抬也。张弓时,弓的高处被拉力抑制,弓的低处被拉起。③ 有余者损之,不足者补之:余,盈余。损,减损。补,补充。射箭时,将盈余者加以减损,将不足者加以补充,使有余与不足,皆得以适足,无过与不及。"高者抑之"至"不足者补之",皆就"张弓"而言,均喻"天之道"也。④ 天之道,损有余而益不足:益,增补。天依循着道,普遍而不偏失,均适于物,抑其高者,损有余;举其低者,补不足。⑤ 人之道,损不足而奉有余:奉,供奉。人世之规则,乃减损不足者以供奉有盈余者,此违反自然也。⑥ 孰能有余而有以取奉于天者乎?唯有道者乎:谁能顺天之道损有余以奉不足?唯有道者。⑦ 是以圣人为而不有:是以,因此。为,有所作为。不有,不以为己有。圣人法道、法自然,因此有所作为却不占为己有。⑧ 成而不居也:成,成就事物。不居,不以自居。圣人虽成就功业,但不自居其功。⑨ 若此:如此、因此。⑩ 其不欲见贤也:其,代词,指圣人。见,现也,彰显。因此,圣人不自我彰显其贤才。

【导读】

天之道,就像拉弓弦一样。太高就往下压,太低就往上升;用力太过了就减少力道,力道不够就加一点力。所以天之道是把有余的给不足的;人之道是减损那些不足的去供奉有余的。谁能顺着自然,损己以供养不足,再从天得到供养而有余呢?有道者才能够如此。所以圣人努力去做,但是不认为成果是自己的,不居功,功成身退,就是这个样子。他不想彰显自己的贤能呀!

"天之道"甲本衍"下"字作"天下之道"。"损有余而益不足",通行本"益"作"补","补""益"互文,《论衡·幸偶》:"夫百草之类,皆有补益。"益者助也,补也。《战国策·秦策二》:"甘茂攻宜阳,三鼓之而卒不上……于是出私金以益公赏。明日鼓之,宜阳拔。"今从乙本作"益"。

"成而弗居",第二章甲编如此,帛书本衍作"成功而弗居",衍"功"字,与本章同,援例当删。"弗",犹"不"也,故作"成而不居"。

第七十八章

天下莫柔弱于水，而攻坚强者莫之能胜也[①]，以其无以易之也[②]。

柔之胜刚，弱之胜强，天下莫不知也，而莫能行也。

故圣人之言云：

“受邦之垢，是谓社稷之主[③]；受邦之不祥，是谓天下之王[④]。”

正言若反[⑤]。

【注释】

① 天下莫柔弱于水，而攻坚强者莫之能胜也：天下至柔至弱，乃为水也。攻，贯穿。水虽柔弱，却能穿透坚石，无物得以胜之。言水之特性，柔弱而能攻强者，故言柔弱胜刚强。② 以其无以易之也：以，因为。易，变易、改易。因水之柔弱，无物可以改变它。此乃因水柔之本性，无可变易。③ 受邦之垢，是谓社稷之主：垢，屈辱。为邦承受屈辱。一个能够为邦安定、使民生养，使邦民皆得治而承受屈辱之为政者，才可称为社稷之主。④ 受邦之不祥，是谓天下之王：不祥，祆祥，人为灾祸。为邦承担人祸。一个能够为邦安定、使民生养，使邦民皆得治而承担灾难之为政者，才可称为天下之王。言水因能就下，居众人之所恶，故能为百谷王。因此，受邦之垢与不祥，故能为社稷主、天下王。如第六十六章“江海所以为百谷王，以其能为百谷下，是以为百谷王”，及第八章“尚善如水，水善利物，而又争居众人之所恶，故几于道”。⑤ 正言若反：言上句“受邦之垢，是谓社稷之主；受邦之不祥，是谓天下之王”。为正言若反，为政者如水居下，有畜养之德，反以居于上，而为社稷之主、天下之王。正言乃指“受邦之垢”、“受邦之不祥”，若反则是指“是谓社禝之主”、“是谓天下之王”。

【导读】

天下最柔的是水，能够穿透坚石的，没有一个比它更好，水凭着不变地保持它柔弱的特性得以穿透坚石。柔弱之所以能够胜过刚强，天下人没有不知道的，却没有好好持守柔弱。所以圣人说：“把邦的屈辱给承担起来，才可称为社稷之主，把邦的灾祸给承担起来，才可称为天下之王。”“承担邦的屈辱与灾祸”乍看像是反面的，实际上是正面的描述，这样做乍看不对，实际上却是名正言顺，理所当然地尽了本分。

王弼注“言用水之柔弱，无物可以易之也”，是也。唯王注“以”释作“用”，不当，应释作“因”，承上言，为“所以”之省略，言“因水之柔弱，无物可以易之也”，言水之本性柔而善居下，故能以柔胜刚也。“是谓天下之王”，通行本“谓”讹作“为”，“王”上脱“之”字，当据甲本改，补。

第七十九章

和大怨，必有余怨①，焉可以为善②？

是以圣人执右契，而不以责于人③。

故有德司契，无德司彻④。

夫天道无亲，恒与善人⑤。

【注释】

① 和大怨，必有余怨：和，调和。大怨虽可调和，但必有余怨。② 焉可以为善：调和大怨，怎么可以称为善呢？唯能以德报怨，是为善也。③ 是以圣人执右契，不以责于人：是以，因此。楚人尚左，立契以左为尊，故债权人执左契，圣人反之，当取左契而不取，而存其右契，以示不以契为凭，而以然诺为据也，故不用左契责于人。此为有“德”者所为。④ 故有德司契，无德司彻：司，主也。彻，指税。因此，“有德者”，执右契，不以契责于人。“无德者”主税，重税收之事，使人产生大怨而无法调和。⑤ 天道无亲，恒与善人：天道无所偏失，但为善人之宝，故恒与善人。第六十二章：“道者万物之主也，善人之宝，不善人之所保也。”

【导读】

大怨不管怎么调和，还是会有怨恨。治乱用兵调和大怨，杀人是难免的事，被杀的那家岂能无怨，唯以德报怨而已，所以和大怨哪里能无怨而说是善的呢？所以说圣人拿右契(楚人贵左，左契为债权执据)，以信诺为凭据，不以债权执据为凭据。所以有德的人重视右契，无德的人重视税收。天道无所偏失，但为善人之宝，故恒与善人。

第八十章

小邦寡民①，使十百人之器勿用②，使民重死而远徙③。
有舟车无所乘之④，有甲兵无所陈之⑤，使民复结绳而用之⑥。
甘其食，美其服⑦，乐其俗，安其居⑧，
邻邦相望，鸡犬之声相闻⑨，民至老死不相往来⑩。

【注释】

① 小邦寡民：小邦民寡。② 使十百人之器勿用：十百人之器，是指用十人之工、百人之工才能制成的器械，如舟车、甲兵。勿用，不加使用，此指不兴战端、交通。③ 使民重死而远徙：重，重视。重死，送死，慎终追远。远，远离。徙，迁移。小邦民寡，若能不兴战端，即可使民重视生死，居其邦得以畜养而不迁移。这章是说为政者当尚德清静、无所偏为，以畜养人民。④ 有舟车无所乘之：虽有舟车但却毋须乘坐。⑤ 有甲兵无所陈之，虽有甲兵但却毋须陈列。⑥ 使民复结绳而用之：复结绳而用之，返回民心素朴的状态。一邦如果达到虽有舟车但无须乘坐，虽有甲兵但无须陈列的状况，也就是没有变乱的状态，则民返朴归真，民静邦宁。⑦ 甘其食，美其服：邦民想要安定，返朴归真，居于升平，则邦民食皆以为甘美，服皆以为华美。⑧ 乐其俗，安其居：人民安定，返朴归真，居于升平，则邦民俗皆以为欢乐，居皆以为安适。⑨ 邻邦相望，鸡犬之声相闻：邻邦之间可以相望，鸡犬之声也可相闻。⑩ 民至老死不相往来：基于人民对现况满足的缘故，邦民直至老死都不须远离家邦、迁移他邦。

【导读】

大邦、小邦，只是畜民而已。邦小民少，用不上要十人、百人来制造的器物。使民因为慎终所以远离迁徙。有舟车可是不需要乘坐,有甲兵可是不需要陈列。民心返回结绳而用的素朴状态。吃什么都觉得甘美,穿什么都觉得美好。风俗皆使人喜乐,居处皆使人安舒。虽然看得到邻邦的土地,甚至连鸡鸣狗叫也听得到。民到老到死都不与邻邦的人交往,民皆安居不向往邻邦,统治者也满足于自己的小邦。

通行本:“十百”下脱“人”字,“远徙”上衍“不”字,“安其居”误在“乐其俗上”。当据甲本改,乙本“人”下脱“之”字。当据甲本补。

“十百人之器”,言十人之工,百人之工而后成之器械,如舟车、甲兵者。

“远”:《广韵》:“远,离也。”《论语·颜渊》:“舜有天下,选于众,不仁者远矣。汤有天下,选于众,举伊尹,不仁者远矣。”皇侃疏引蔡谟云:“远,去也。”《雍也》:“子曰:‘务民之义,敬鬼神而远之,可谓智矣’。”皇侃疏:“可敬不可近,故宜远之也。”远徙是言远离迁徙,即不徙也。今通行本作“不远徙”,“不”字妄加,王注“重死而不远徙”,此注恐后人所妄加。岂可近徙乎,是不合于老子本意的。

第八十一章

信言不美,美言不信①;
知者不博,博者不知②;
善者不多,多者不善③。
圣人无积,
既以为人,己愈有④;
既以予人,己愈多⑤。
故天之道,利而不害⑥;
人之道,为而不争⑦。

【注释】

① 信言不美,美言不信:信,真,实,淳。言,政令。美,雕琢美饰。实

在的政令不美，美好华夸的政令不真实。② 知者不博，博者不知：知，知德者。博者指尚仁、尚义者自逞其智以为博，乃华夸"道"而为之。即三十八章之"前识者"。博，广博，指尚"仁、义"者，自以为广博，逞其智巧而为之。知德之可贵，尚德而无为，不敢自以为博也。③ 善者不多，多者不善：善者，指尚德者。多，厚重，指贪求地位、财货。尚"礼"者贪求贵高而败德，尚德者不以财货为重。④ 圣人无积，既以为人，己愈有：无积，无积名、积财。为，助也。有，充足。圣人不求名位、财货，取之以助人，则己愈充足。⑤ 既以予人，己愈多：予，给也。多，丰盈。取之以给人，则己愈丰盈。此乃同于第六十六章："圣人之在民前也，以身后之；其在民上也，以言下之。其在民上也，民不厚也；其在民前也，民不害也，天下乐进而不厌。"因其不争，凡事以民为先，故天下莫能与之争。⑥ 故天之道，利而不害：利，赖也，依赖。害，阻碍。天之道，自然的道理。自然规律是可依赖，而无阻碍。⑦ 人之道，为而不争：人之道，因法天，行事当依道而行，顺应自然，为而不争。

【导读】

实在的政令不美，美好华夸的政令是不实在的。知尚德的不自以为广博，广博的不知尚德。尚德的人不重财货，重财货的人不尚德。圣人尚德不求名利、财货，他既以助人，自身就愈来愈充足。他既以给人，自身就愈来愈丰足。所以自然规律是可依赖而无碍的，人事法则是顺自然去做而无争的。

"知者不博，博者不知"，知尚德者不自以为广博，这是针对仁义而发的议论，尚仁、尚义是以自己的想法为正，前者想要有所为，却无从作为，后者是有所作为，而且为之又为无所止，两者都是自以为广博。"善者不多，多者不善"，这是针对礼而发的议论，《老子》第五十七章："法物滋彰，盗贼多有。"法物就是礼的饰物，依赖法物的是尚礼的人，只求财货名利的增益，尚德的善者不尚礼，虽然行礼使用法物，却不依赖法物，不凭法物来证明自己，所以不会为自己累积美名财利。为政以德而不以政令的结果是：百官知道他是统治者，不亲誉、不畏惧，因着尊道贵德，百官无法对他有利，也无法伤害他，他自愿受邦之垢，却无人能侮，他乍看之下常常是没面子的，却永远保有尊严。

帛书甲本："善者不多，多者不善。"乙本同，通行本"多"作"辩"，并在"美言不信"下，当据帛书甲、乙本改。

"圣人无积"，通行本"无"作"不"。"人之道"，通行本"人"上衍"圣"字，当据帛书乙本删。朱谦之《校释》曰："赵本作人之道，无圣字。人与天对，文胜。"朱说是，惜未能见乙本，以证其是，因而曰"然非老子本谊"，可见古本之可贵也。天之道损有余而益不足，故利而不害；人之道，如江海之在百谷下，故为而不争。

主要参考文献

1. 魏・王弼:《老子道德真经》二卷,清《古逸丛书》本。
2. 魏・王弼:《老子道德真经》四卷,《道藏举要》本。
3. 魏・王弼:《老子》二卷,《四部备要》缩印本。
4. 晋・河上公:《老子道德经》二卷,《四部丛刊》缩印本。
5. 唐・成玄英:《老子开题残》一卷,《敦煌秘籍留真新编》复印件。
6. 唐・陆希声:《道德真经传》四卷,《道藏举要》本。
7. 唐・李约:《道德真经新注》四卷,《道藏举要》本。
8. 唐・李荣:《道德真经新注》四卷,《道藏举要》本。
9. 宋・吕惠卿:《道德真经传》四卷,《道藏举要》本。
10. 宋・邵若愚:《道德真经传》三卷,《道藏举要》本。
11. 宋・司马光:《道德真经传》四卷,《道藏举要》本。
12. 宋・苏辙:《道德真经传》四卷,《道藏举要》本。
13. 宋・范应元:《老子道德经古本集注》二卷,《续古逸丛书》本。
14. 宋・林希逸:《道德真经口义》四卷,《道藏举要》本。
15. 宋・王雱:《道德真经集注》十卷,《道藏举要》本。
16. 元・吴澄:《道德真经注》四卷,《道藏举要》本。
17. 明・焦竑:《老子考异》,《老子翼》卷六,《诸子大成》本。
18. 清・毕沅:《老子道德经考异》,《诸子大成》本。
19. 清・俞樾:《诸子平议・老子平议》,《诸子集成》本。
20. 清・高延第:《老子义证》二卷,涌翠山房刻本。
21. 清・魏源:《老子本义》二篇,台北:台湾商务印书馆(人人文库排印本)。
22. 清・王仁俊:《老子佚文》一卷,《经籍佚文》稿本。
23. 托名明・顾欢《道德真经注疏》,通藏本。
24. 罗振玉:《贞松堂藏西陲秘籍丛残・老子残卷》,分别简称为“敦煌甲本”、“敦煌乙本”、“敦煌丙本”、“敦煌丁本”、“敦煌戊本”、

“敦煌己本”、“敦煌壬本”。
25. 杨树达:《老子古义》三卷,台北:台湾中华书局,仿宋排印本。
26. 劳健:《老子古本考》二卷,手稿,《老子集成》本。
27.《老学九篇》乃台北:龙泉书屋合王力《老子研究》、郎擎霄《老子学案》、陈柱《老学八篇》三者为一书者。
28. 钱锺书:《管锥篇·老子王弼注》,台北:兰馨室书斋。
29. 陈柱:《老子八篇》,上海:商务印书馆,1928年。
30. 马叙伦:《老子校诂》,北京:古籍出版社,1956年。
31. 于省吾:《双剑誃诸子新证·老子新证》,北京:中华书局,1962年。
32. 严灵峰:《道家四子新编·老子章句新编》本,台北:商务印书馆,1968年。
33. 张起钧:《老子》,台北:协志出版公司,1968年。
34. 陶鸿庆:《读诸子札记·老子一卷》,台北:艺文印书馆,1971年。
35. 陈奇猷:《韩非子集释·解老、喻老》,台北:华正书局,1974年。
36.《帛书老子》,台北:河洛出版社,1975年。
37. 严灵峰:《马王堆帛书老子试探》,台北:河洛图书出版社,1976年。
38.《马王堆汉墓帛书》〔壹〕,北京:文物出版社,1980年。
39. 张舜徽:《周秦道论发微·老子疏证》,北京:中华书局,1982年。
40. 詹剑峰:《老子其人其书及其道论》三编,武汉:湖北人民出版社,1982年。
41. 郑良树:《老子论集》,台北:世界书局,1983年。
42. 王邦雄:《老子的哲学》,台北:东大图书公司,1983年。
43. 朱谦之:《老子校释》,北京:中华书局,1984年。
44. 陈鼓应:《老子注释及评介》,北京:中华书局,1984年。
45. 许抗生:《帛书老子注译与研究》(增订本),杭州:浙江人民出版社,1985年。
46. 程南洲:《伦敦所藏敦煌老子写本残卷研究》,台北:文津出版社,1985年。

47. 周次吉:《老子考述》,台北:文津出版社,1986 年。
48. 张松如:《老子说解》,济南:齐鲁书社,1987 年。
49. 卢育三:《老子释义》,天津:天津古籍出版社,1987 年。
50. 李勉:《老子诠证》,台北:东华书局,1987 年。
51. 蒋锡昌:《老子校诂》,成都:成都古籍书店,1988 年影印 1937 年本。
52. 高亨:《老子正诂》,北京:中国书店,1988 年影印 1943 年本。
53. 钱穆:《老子辨》两篇,北京:中国书店,1988 年。
54. 王力:《老子研究》七章,天津:古籍书店,1989 年。
55. 王煜:《老庄思想论集》,台北:联经出版公司,1990 年。
56. 李水海:《老子道德经楚语考论》,西安:陕西人民教育出版社,1990 年。
57. 曾为惠:《老子中庸思想》,台北:文史哲出版社,1990 年。
58. 王淮:《老子探义》,台北:台湾商务印书馆,1990 年。
59. 古棣、周英:《老子通》,长春:吉林人民出版社,1991 年。
60. 冯达甫:《老子译注》,上海:上海古籍出版社,1991 年。
61. 黄登山:《老子释义》,台北:台湾学生书局,1991 年。
62. 袁保新:《老子哲学之诠释与重建》,台北:文津出版社,1991 年。
63. 黄钊:《帛书老子校注析》,台北:台湾学生书局,1991 年。
64. 饶宗颐:《老子想尔注校证》,上海:上海古籍出版社,1991 年。
65. 朱荣智:《老子探微》,台北:师大书苑,1992 年。
66. 陈鼓应:《老庄新论》,上海:上海古籍出版社,1992 年。
67. 严灵峰:《老子达解》,台北:华正书局,1992 年。
68. 胡楚生:《老庄研究》,台北:台湾学生书局,1992 年。
69. 张起钧:《智慧的老子》,台北:东大图书公司,1992 年。
70. 楼宇烈:《老子·老子指略·王弼集校释》,台北:华正书局,1992 年。
71. 张成秋:《老子王弼学》,台北:老庄学会,1992 年。
72. 王卡:《老子道德经河上公章句》,北京:中华书局,1993 年。
73. 叶程义:《老子道经管窥》,台北:文史哲出版社,1993 年。

74. 王德有点校:严遵《老子指归》,北京:中华书局,1994 年。
75. 奚侗:《老子集解》,合肥:黄山书社,1994 年。
76. 叶程义:《帛书老子校刘师培〈老子斠补〉疏证》,台北:文史哲出版社,1994 年。
77. 贺荣一:《老子之朴治主义》,天津:百花文艺出版社,1994 年。
78. 杨润根:《老子新解》,北京:中国文学出版社,1994 年。
79. 萧兵:《老子的文化解读》,武汉:湖北人民出版社,1994 年。
80. 朱恩田:《老子考辨》,沈阳:辽宁人民出版社,1994 年。
81. 熊铁基、马良怀、刘韶军:《中国老学史》,福州:福建人民出版社,1995 年。
82. 高明:《帛书老子校注》,北京:中华书局,1996 年。
83. 王晓毅:《王弼评传》,南京:南京大学出版社,1996 年。
84. 罗尚贤:《老子通解》,广州:广东高等教育出版社,1996 年。
85. 刘师培:《刘申叔遗书·老子斠补》,南京:江苏古籍出版社,1997 年。
86. 郑良树:《老子新校》,台北:学生书局,1997 年。
87. 陈鼓应:《老子今注今译》,台北:台湾商务印书馆,1997 年。
88. 余培林:《老子读本》,台北:三民书局,1997 年。
89. 杨鸿儒:《重读老子》,成都:四川人民出版社,1997 年。
90. 刘韶军:《老子御批点评》,长沙:湖南人民出版社,1997 年。
91. 尹振环:《帛书老子释析—兼论帛书老子将会取代今本老子》,贵阳:贵州人民出版社,1998 年。
92. 戴维:《帛书老子校释》,长沙:岳麓书社,1998 年。
93. 荆门市博物馆:《郭店楚墓竹简·老子》,北京:文物出版社,1998 年。
94. 丁原植:《郭店竹简〈老子〉释析与研究》,台北:万卷楼图书有限公司,1998 年;增修版,1999 年。
95. 吴怡:《老子解义》,台北:三民书局,1998 年。
96. 蒙文通:《老子征文》,台北:万卷楼图书有限公司,1998 年。
97. 崔仁义:《荆门郭店楚简〈老子〉研究》,北京:科学出版社,

1998年。
98. 张光裕主编,袁国华合编:《郭店楚简研究·文字编》,台北:艺文印书馆,1999年。
99. 刘信芳:《郭店楚简〈老子〉解诂》,台北:艺文印书馆,1999年。
100. 陈锡勇:《老子校正》,台北:里仁书局,1999年。
101. 魏启鹏:《楚简〈老子〉柬释》,台北:万卷楼图书有限公司,1999年。
102. 侯才:《郭店楚墓竹简〈老子〉校读》,大连:大连出版社,1999年。
103. 彭浩:《郭店楚简老子校读》,武汉:湖北人民出版社,2000年。
104. 朱恩田:《重读老子》,沈阳:辽宁大学出版社,2001年。
105. 邹安华《楚简与帛书老子》,北京:民族出版社,2000年。
106. 丁四新:《郭店楚墓竹简思想研究》,北京:东方出版社,2000年。
107. 郭沂:《郭店楚简与先秦学术思想》,上海:上海教育出版社,2001年。
108. 尹振环:《郭店老子辨析》,北京:中华书局,2001年。
109. 李零:《郭店楚简校读记》,北京:北京大学出版社,2002年。
110. 邱德修:《上博馆藏战国楚竹书研究续编·上博简与郭店简"慈"字考——兼论郭店简〈老子〉"季子"》,上海:上海书店出版社,2002年。
111. [日]池田知久:《楚地出土資料と中國古代文化·"老子"の二種類の"孝"と郭店楚簡"語叢"の孝》,東京:汲古書院,2002年。
112. 李先耕:《老子今析》,北京:北京中国社会科学出版社,2002年。
113. 韩禄伯:《简帛老子研究》,北京:学苑出版社,2002年。
114. 廖名春:《郭店楚简老子校释》,北京:清华大学出版社,2003年。
115. 董恩林:《唐代老子诠释文献研究》,济南:齐鲁书社,2003年。
116. 孙以楷:《〈老子〉注释三种》,安徽:安徽人民出版社,2003年。
117. 刘钊:《郭店楚简校释》,福建:福建人民出版社,2003年。
118. 聂中庆:《郭店楚简〈老子〉研究》,北京:中华书局,2004年。
119. 孙以楷:《老子通论》,安徽:安徽大学出版社,2004年。
120. 李若晖:《郭店竹书老子论考》,济南:齐鲁春社,2004年。

121. 尹志华:《北宋〈老子〉注研究》,四川:巴蜀书社,2004 年。
122. 陈锡勇:《郭店楚简老子论证》,台北:里仁书局,2005 年。
123. 陈锡勇:《老子释义》,台北:国家出版社,2006 年。
124. 刘笑敢:《老子古今:五种对勘与析评引论》,北京:中国社会科学出版社,2006 年。
125. 丁四新:《郭店楚竹书老子校注》,武昌:武汉大学出版社,2010 年。
126. 庞朴:《古墓新知—漫谈郭店楚简》,《中国哲学》第二〇辑,沈阳:辽宁教育出版社,1999 年。
127. 王中江:《郭店竹简"老子略说"》,《中国哲学》第二〇辑,沈阳:辽宁教育出版社,1999 年。
128. 廖名春:《老子"无为而无不为"说新证》,《中国哲学》第二〇辑,沈阳:辽宁教育出版社,1999 年。
129. 李家浩:《读郭店楚墓竹简琐议》,《中国哲学》第二〇辑,沈阳:辽宁教育出版社,1999 年。
130. 裘锡圭:《郭店简与儒学研究》,《中国哲学》第二十一辑,沈阳:辽宁教育出版社,2000 年。
131. 李零:《郭店楚简校读记》,《道家文化研究》第十七辑,北京:生活·读书·新知三联书店,1999 年。
132. 季旭升:《读郭店楚墓竹简札记:卞、绝为弃作、民复季子》,《中国文字》,新二十四期,台北:艺文印书馆,1998 年。
133. 袁国华:《郭店楚简文字考释十一则》,《中国文字》,新二十四期,台北:艺文印书馆,1998 年。
134. 颜世铉:《郭店楚简浅释》,《张以仁先生七秩寿庆论文集》,台北:学生书局,1999 年。
135. 周凤五:《楚简文字琐记(三则)》,《简帛研究汇刊》第一辑(第一届简帛学术讨论会论文集),2000 年。
136. 裘锡圭:《郭店"老子"简初探》,《道家文化研究》第十七辑,北京:生活·读书·新知三联书店,1999 年。
137. 陈鼓应:《从郭店简本看"老子"尚仁及守中思想》,《道家文化研究》第十七辑，北京：生活·读书·新知三联书店，1999 年。
138. 赵建伟：《郭店楚简“老子”校释》，《道家文化研究》第十七辑，北京：生活·读书·新知三联书店，1999 年。
139. 池田和久：《尚处形成阶段的“老子”最古本—郭店楚简“老子”》，《道家文化研究》第十七辑，北京：生活·读书·新知三联书店，1999 年。
140. 李零：《郭店楚简校读记》，《道家文化研究》第十七辑，北京：生活·读书·新知三联书店，1999 年。
141. 陈锡勇：《〈老子〉第二十六章析解》，《中国文化大学中文学报》第四期，1994 年。
142. 陈锡勇：《〈老子〉通行本非王弼注本原文论证》，《中国文化大学中文学报》第五期，2000 年。
143. 陈锡勇：《〈老子〉误释误译举证》，《纪念陈伯元教授荣誉退休学术研讨会论文集》，台北：洪叶文化事业公司，2000 年。
144. 陈锡勇：《〈老子〉“言”为“政令”举证》，《庆祝陈伯元教授七秩华诞论文集》，台北：洪叶文化事业公司，2004 年。
145. 陈锡勇：《〈老子〉第五十六章析解》，《中国文化大学中文学报》第九期，2004 年。
146. 陈锡勇：《〈老子〉通行本谬误举证》，《简帛研究汇刊》第一辑（第一届简帛学术讨论会论文集），2000 年。
147. 陈锡勇：《〈老子评传〉指瑕》，《鹅湖学志》第二十九期，2002 年。
148. 陈锡勇：《〈郭店楚简老子校释〉指瑕》，《鹅湖学志》第三十期，2003 年。
149. 陈锡勇：《老子王注本第三十八章论证》，《“魏晋南北朝学术国际研讨会”会议论文集》，台北：中国文化大学，1998 年。
150. 陈锡勇：《老子尚德说析解》，《中国文化大学中文学报》第十期，2005 年。
151. 陈锡勇：《老子第十九章析解》，《“第三届简帛学术讨论会——简帛与历史、地理”会议论文集》，台北，2005 年。